PARA TODAS AS MULHERES QUE *NÃO* TÊM CORAGEM

PARA TODAS AS MULHERES QUE NÃO TÊM CORAGEM

Daniela Arrais

1ª edição

Rio de Janeiro | 2024

DESIGN DE CAPA
Juliana Misumi

PROJETO GRÁFICO E DIAGRAMAÇÃO
Abreu's System

IMAGEM DE CAPA
iStock/Anton Vierietin

CIP-BRASIL. CATALOGAÇÃO NA PUBLICAÇÃO
SINDICATO NACIONAL DOS EDITORES DE LIVROS, RJ

A797p

Arrais, Daniela
 Para todas as mulheres que não têm coragem / Daniela Arrais. – 1. ed. – Rio de Janeiro : BestSeller, 2024.

 ISBN 978-65-5712-316-4

 1. Arrais, Daniela. 2. Mulheres – Brasil – Biografia. 3. Autoestima em mulheres. I. Título.

23-87275

CDD: 920.72
CDU: 929-055.2

Meri Gleice Rodrigues de Souza – Bibliotecária – CRB-7/6439

Texto revisado segundo o novo Acordo Ortográfico da Língua Portuguesa.

Copyright © 2024 by Daniela Arrais
Copyright da edição © 2024 by Editora Best Seller Ltda.

Todos os direitos reservados. Proibida a reprodução,
no todo ou em parte, sem autorização prévia por escrito da editora,
sejam quais forem os meios empregados.

Direitos exclusivos de publicação em língua portuguesa para o mundo
adquiridos pela
Editora Best Seller Ltda.
Rua Argentina, 171, parte, São Cristóvão
Rio de Janeiro, RJ — 20921-380
que se reserva a propriedade literária desta obra.

Impresso no Brasil

ISBN 978-65-5712-316-4

Seja um leitor preferencial Record.
Cadastre-se e receba informações sobre nossos lançamentos
e nossas promoções.

Atendimento e venda direta ao leitor:
sac@record.com.br

Para Martin, meu filho, que alargou a minha existência e me deu a coragem que eu busquei a vida inteira.

Para Léo, meu irmão, cuja partida absurda deixou minha vida cheia de urgências inadiáveis.

— Hoje eu queria escrever, tinha o dia todo para escrever, e desperdicei o tempo respondendo e-mails.
— Por quê?
— Sei lá. Às vezes a gente evita começar o trabalho. É uma coisa esquisita.
— Por preguiça?
— Não, não.
— Por quê?
— Por medo.

Rosa Montero, em A louca da casa[1]

SUMÁRIO

Prefácio — 10

Por que escrevi este livro? — 13

O começo (ou Uma conversa sobre o fenômeno da impostora) — 18

1. A gente passa uma vida inteira voltando para a infância — 30

Fala que eu não te escuto, impostora!: A importância da coragem para começar — 55

2. Escrita como musculatura que a gente treina todo dia — 58

Fala que eu não te escuto, impostora!: O fenômeno da impostora no mercado de trabalho — 96

3. As redes sociais como um espelho para a gente olhar para dentro — 100

Fala que eu não te escuto, impostora!: A questão racial — 118

4. Maternidade: Como é que pode faltar coragem se a gente cria um ser humano? — 123

Fala que eu não te escuto, impostora!: A impostora e a maternidade — 154

5. Luto: E a vida nunca mais foi a mesma — **158**

Fala que eu não te escuto, impostora!:
A força que vem da família — **186**

6. Relacionamentos: Quando ir, quando ficar — **189**

Fala que eu não te escuto, impostora!:
A construção da autoestima — **203**

7. Saúde, o mergulho da vida toda — **208**

Fala que eu não te escuto, impostora!:
Honrar a nossa história — **236**

8. Fim, ou o começo do compromisso para sempre — **239**

Fala que eu não te escuto, impostora!:
Eu sou uma artista — **255**

O que aprendi sobre coragem — **259**
Notas — **262**
Agradecimentos — **264**

PREFÁCIO

Coragem é substantivo feminino, mas a cultura a colocou em lugar oposto ao das mulheres. A nós ficou reservado o medo: de ser ridículas, de ser malvistas, de ser mal interpretadas, de ser indignas de admiração, de amor, de atenção. Somos educadas para ser desejadas, benquistas, não importa o que faremos com o nosso desejo ou onde ficará o nosso querer. Aprendemos a não correr riscos, por menores que eles sejam. Quantas vezes você arriscou um corte de cabelo diferente? Quantas vezes fez as sobrancelhas em um lugar completamente novo? Percebe que não trago exemplos de grandes transformações, mas de coisas que parecem simples e fáceis de contornar?

Um dia desses cortei uma franja, e a minha filha se apaixonou, quis tentar também. Refletiu muito e me chamou pra conversar: "Mãe, quero cortar também, mas tô com muito medo de não gostar, acho que não vou tentar."

A estudiosa de gênero em mim se arrepiou. Com apenas 10 anos, o aprendizado sobre como mulheres precisam se comportar já estava bem firmado. "Filha, você sabia que mulheres todos os dias deixam de se arriscar por medo de não serem perfeitas? A sua franja pode, sim, ficar feia e você não gostar. Se isso acontecer, a gente pode inventar penteados até ela crescer. A gente lida com isso. Só não pode deixar de arriscar por medo de ficar ruim, né? Porque também pode ficar lindo e você amar demais. A gente só vai descobrir se tentar."

O que deixamos de descobrir sobre nós, sobre as relações e sobre a vida porque não nos aventuramos? Por que aprendemos que a coragem é o oposto do medo, e temos no medo o nosso companheiro mais próximo?

O medo não nos abandonará. A socialização que nos ensinou o que é a vida e como estar nela nos acompanhará para sempre. Não há discurso empoderador que nos faça resetar e começar do zero. Não, não basta querer para se amar, para ter coragem, para ser feliz. Mas há que se querer, também. Reconquistar o nosso direito ao desejo nos faz enxergar com mais clareza os empecilhos do caminho. Nos faz pedir ajuda. Nos faz ir ao encontro da coragem, mesmo que o medo continue como um parceiro insistente.

Nas próximas páginas, você encontrará uma escrita de coração aberto. Daniela Arrais abre a própria história — e a de mulheres que ouviu ao longo da carreira — para nos lembrar de que coragem é músculo que a gente treina, que se fortalece e cresce com o uso. Do relacionamento com o pai, a esposa, a carreira e o filho ao processo de luto pela perda do irmão, as experiências nos convidam a reconhecer as nossas vulnerabilidades, os nossos medos, as nossas coragens. Dani nos chama a ler e escrever a nossa história, conquistando um protagonismo realista e belo sobre quem somos.

Em tempos de redes sociais que nos inundam com informações contraditórias e rasas, *Para todas as mulheres que não têm coragem* oferta uma companhia doce, gentil, sincera e amiga. Um aprendizado caloroso para lembrarmos que a vida não nos pede atos heróicos, mas pequenas escolhas corajosas que, juntas, constroem um caminho melhor.

Não tenha pressa, permita que cada reflexão assente, te encontre com tempo.

Boa leitura,

Elisama Santos,
escritora, comunicadora e
especialista em saúde mental

POR QUE ESCREVI ESTE LIVRO?

Este é um livro sobre coragem. Coragem de olhar para dentro e investigar tudo o que carregamos.

Para seguir em frente é preciso olhar para trás. Essa insegurança toda, de onde vem? Quando surgiu pela primeira vez? Por que se repete tanto? Buscando respostas, a gente consegue seguir adiante.

Mesmo em um mundo imerso no digital, no qual todo dia somos bombardeadas por textos no imperativo ditando a maneira certa de agir e até mesmo o que devemos sentir, ainda carregamos camadas de emoções, acontecimentos, histórias e desdobramentos. Vai ser sempre assim, aliás. São essas bagagens acumuladas que nos marcam, nos definem, nos estancam. É a partir de como a gente olha para elas que vamos construindo caminhos para seguir.

"O que a vida quer da gente é coragem", escreveu Guimarães Rosa.[2] Por isso, neste livro, fiz o exercício de olhar para mim sem filtro. Por que tenho lampejos de coragem, mas não consigo sustentá-los? O que falta para que eu viva tudo o que quero e mereço? Em quais momentos não tive coragem e por quê? Quando tive, o que essa força me revelou?

Quem me vê de fora pode imaginar que já tenho coragem. Afinal, boto a cara no sol, me expresso, meus textos alcançam um número considerável de pessoas. Inventei com minha sócia um trabalho que materializa nossa missão de vida. Driblei o preconceito, casei com uma mulher maravilhosa e tive um filho com ela. Isso vivendo numa sociedade homofóbica como a brasileira. Hoje, me considero uma mulher forte, que escolhe apostar na vida mesmo quando tudo desaba.

Mesmo assim, faço menos do que gostaria. Penso que isso pode ser resultado de um capitalismo internalizado fomentado pela lógica neoliberal, que nos induz a acreditar que só temos valor quando somos produtivas, que mede esse valor pela nossa atuação no mercado de trabalho e por quanto ganhamos com isso. Mas, quando deito na cama e repasso minha lista de tarefas, há muitos anos sinto o mesmo incômodo: não tenho coragem de fazer o que realmente quero. Não tenho coragem de dizer para o mundo que quero ser uma escritora.

Às vezes, penso: para que escrever se é tão difícil? E aqui você pode fazer essa pergunta para si mesma e trocar o "escrever" por qualquer outra atividade que te desafia.

Logo me pego respondendo: porque é inevitável. Faz parte de quem eu sou. É a forma como me organizo na vida — e também a maneira como me coloco no mundo e entendo um pouco mais sobre ele.

Escrevo desde que me entendo por gente. E espero escrever pelo resto da vida. Não existo sem colocar as palavras para fora. A cada vez que faço isso, entendo mais de mim. E, o que é melhor, encontro companhia.

Foi na pandemia que passei a escrever mais — e também a publicar esses textos no Instagram. A cada texto, eu lia comentários que, em resumo, diziam (e dizem): "Obrigada por traduzir o que eu sinto mas nem tinha colocado em palavras ainda." Que magia é essa que acontece quando sentimos algo, elaboramos, colocamos em palavras, nos enchemos de coragem para dividir com desconhecidos e, de repente, geramos uma identificação?

Talvez eu tenha ficado inebriada com essa troca. Ela me nutre e me abastece. Me inspira e me faz continuar investigando as emoções que atravesso, dividindo-as com mais gente. Gente nova que sempre vai chegando, se identificando, trocando. Porque a magia também está nas trocas que acontecem. Eu nunca escrevi para me bastar em mim mesma. É na interlocução com o outro que tudo faz sentido. O que você faz que emana esse poder na sua vida?

Por ser jornalista, por muito tempo me escondi atrás do ofício. Eu não escrevia sobre mim, mas reportava sobre os outros. Era o outro que era interessante e tinha o que dizer. Era o outro que merecia destaque, que conquistava espaço. Falo que foi na pandemia que me soltei mais porque não tínhamos mais para onde correr além de para dentro de nós mesmas.

Meu grande incentivo para escrever este livro é pensar que aí do outro lado pode existir uma mulher parecida comigo, ou muito diferente, mas que também passou a vida ouvindo as vozes na própria cabeça tentando impedi-la de fazer o que queria. Uma mulher às voltas com seus censores internos, que em tantos momentos da vida nos fizeram pensar: "Eu não tenho capacidade para fazer isso, então nem arrisco"; "Claro que tem gente muito mais preparada que eu para fazer [insira aqui o que quer que seja]"; "Deixa só eu fazer um MBA [mais um mestrado e um doutorado], aí, sim, viro especialista e posso falar sobre".

Por mais quanto tempo na vida vamos esperar para ser quem somos por completo? Mesmo quando ainda estamos nos descobrindo no caminho. Mesmo que não tenhamos as respostas, mas só as perguntas. Porque são elas, aliás, que dão sentido a tudo. Quando é que vamos fazer as pazes com quem a gente é hoje, agora, no presente, sem ficar esperando pela nossa versão Mulher-Maravilha que dará conta de tudo?

Quando eu escrevo, me encontro. E encontro você. Quando publico, recebo respostas que me dão alguma dimensão de que o que eu digo faz sentido. Isso me estimula a continuar. Porque, se eu puder incentivar uma mulher a, finalmente, fazer o que ela tem vontade, ganho o dia. Se essa conversa puder alcançar mais gente, também.

Por isso resolvi firmar um compromisso comigo mesma: se quero ser autora de um livro publicado, preciso escrevê-lo. Mesmo que não tenha o tempo que idealizo (afinal, sou mãe de um bebê), que trabalhe mais do que a medida, que duvide do que tenho a dizer, que não saiba se vai fazer sentido para alguém ler o que tenho a escrever.

Eu preciso, pelo menos, tentar. Preencher páginas como quem escolhe cuidar de si um pouco a cada dia. Talvez colocar um prazo para terminar. Ou seria melhor um número de páginas? Passar menos tempo no Instagram e mais diante desta folha em branco que me amedronta?

Não gosto de fazer mergulho sozinha, então este livro é também uma conversa. Eu quero saber de você. Por que você se olha de uma forma tão cruel, como jamais olharia para sua melhor amiga? Por que não segue, mesmo sabendo que é o que precisa fazer? Que dores te marcam? Como você cuida delas? O que falta para você entender que é capaz de fazer o que quer que queira fazer? Por que nos distraímos tanto? Como podemos aprender a defender nosso espaço, nossa criatividade, ter um tempo só para nós?

Decidi fazer esse percurso junto com você, imaginando que aí do outro lado tem alguém que vai gostar de ler o que tenho a dizer. Que talvez passe pelas mesmas dúvidas, os mesmos receios — e crises de ansiedade também. Que, quem sabe, pode se beneficiar ao passar um tempo nestas páginas.

Eu preciso ter coragem. Para ser quem eu quero e fazer o que sei que devo. Porque escrever me define, me ampara e me sustenta. Não vou mais desperdiçar tempo com distrações, fugas, falsas urgências. Preciso entender quem eu sou e o que a minha escrita tem a dizer.

Então, firmo aqui meu compromisso de coragem. Este é o meu primeiro livro, e eu espero que ele me faça ter sensações que nunca experimentei. Espero terminá-lo tomada de uma coragem que nunca senti, ou que talvez tenha sentido apenas em lampejos. Eu desejo olhar para estas páginas e me reconhecer nelas. Mais ainda, desejo que você, ao lê-las, entenda onde e no que te falta coragem. E também que você mergulhe nesse entendimento para emergir do tamanho que já é, só não sabe ainda.

Nestas páginas, me despi de um jeito que nunca tinha feito antes. Eu precisava escrever este livro, precisava do compromisso. Precisava me assumir escritora e precisava de coragem para fazê-lo. Precisava contar para mim mesma que posso ser do tamanho dos meus sonhos. Assim como você.

O COMEÇO
(OU UMA CONVERSA SOBRE O FENÔMENO DA IMPOSTORA)

Não são só vozes na sua cabeça

O que é ser uma mulher? É dar conta de tudo. Trabalhamos, cuidamos da casa, criamos filhos, ajudamos familiares. Nos lembramos do aniversário da amiga. Da lista de compras do supermercado. Preparamos comida, botamos roupa para lavar, sentamos junto na hora da lição de casa. Não damos ponto sem nó. Nossa cabeça parece funcionar com muitas abas abertas, e nosso dia parece ter muito mais do que 24 horas.

Ser mulher é cuidar de tudo e de todos — e muitas vezes esquecer de si mesma.

Sabe aquele olhar generoso que temos com quem está à nossa volta? Quantas vezes nos olhamos desse mesmo jeito?

Falo por mim quando afirmo: poucas. Estou sempre pensando que poderia fazer mais, me dedicar mais, me perguntando se um dia vou ser boa o suficiente... Mas parece que esse dia custa a chegar. E ele até chega, mas passa rápido, não se sustenta por muito tempo.

O que aconteceria se olhássemos para nós com a mesma generosidade que dedicamos às mulheres da nossa vida? Filhas, amigas, colegas que admiramos, profissionais em quem nos inspiramos...

Há alguns anos, descobri que existia um nome para algo que me afligia e que eu achava que era particular, coisa da minha cabeça: essa sensação de não ser boa o suficiente, de precisar fazer sempre mais... Como diz um meme no Twitter: "Me cobro tanto que pareço um agiota." O nome para essa sensação? Fenômeno da impostora.

Comecei a entender sobre isso quando descobri a Brené Brown. Ela é uma pesquisadora, autora e palestrante norte-americana que estuda temas como coragem e vulnerabilidade. A palestra dela em um TED Talk falando sobre o poder da vulnerabilidade se tornou uma das mais populares de todos os tempos. Ela nos motiva a pensar: como podemos criar conexões mais autênticas? Como enfrentamos os desafios que surgem pelo caminho?

Da primeira vez que li *A coragem de ser imperfeito*, um de seus best-sellers, logo no começo me deparei com uma citação de Theodore Roosevelt.

> Não é o crítico que importa; nem aquele que aponta onde foi que o homem tropeçou ou como o autor das façanhas poderia ter feito melhor. O crédito pertence ao homem que está inteiro na arena da vida, cujo rosto está manchado de poeira, suor e sangue; que luta bravamente; que erra, que decepciona, porque não há esforço sem erros e decepções; mas que, na verdade, se empenha em seus feitos; que conhece o entusiasmo, as grandes paixões; que se entrega a uma causa digna; que, na melhor das hipóteses, conhece no final o triunfo da grande conquista e que, na pior, se fracassar, ao menos fracassa ousando grandemente.[3]

Temos nos colocado na arena da vida? Temos feito o que queremos fazer? Temos celebrado nossas conquistas? Ou estamos sempre insatisfeitas, enxergando o copo meio vazio, pensando que poderíamos fazer mais?

Arrisco dizer que essa citação mudou a minha vida. Eu vinha de uma vida inteira querendo muito colocar mais de mim no mundo, mas falhando em entender e pôr em prática a questão que a Brené apresenta logo no Prólogo do livro dela: o que significa viver com ousadia? Quanto mais eu lia aquelas palavras, mais conseguia entender que aquele sentimento de insuficiência que eu tinha, aquela falta de coragem de dizer sim para os meus desejos, tudo isso tinha explicação.

O livro da Brené Brown, em especial essa provocação que ela faz logo de cara, me ajudou a enxergar de onde vinha todo aquele incômodo que eu sentia quando entrava nas redes sociais. Eu olhava os outros e julgava o tempo todo. *Fulano nem escreve tão bem assim e faz esse sucesso todo? E essa aqui tentando aparecer cada vez mais? Nossa, quem é ela para querer fazer de uma experiência pessoal algo válido para mais gente? Aquele cara que nem é tão talentoso assim está palestrando para mil pessoas? O mundo realmente não é de quem se dedica e se esforça, e sim de quem sabe vender seu peixe.*

Meu deus do céu, precisa ostentar essa viagem de milhões? A gente vive num país em crise eterna, aff!

Ao apontar o dedo para o outro, eu estava esquecendo de olhar para mim mesma. Eu me julgava tanto que não conseguia compartilhar. Era eu que não tinha coragem de botar a cara no sol, de me mostrar, de me aventurar, até de falhar.

As vozes na minha cabeça não me davam sossego, mas fui impactada pela Brené Brown e algo mudou. Percebi que eu julgava os outros como uma forma de proteção que inventei para mim mesma. Enquanto colocava defeito em cada realização alheia, eu gastava meu tempo com o outro, esquecendo de mim.

O que eu queria fazer e não estava fazendo? Do que eu queria falar, mas tinha medo? Afinal, se eu julgava tanto o outro, imaginava que o outro me julgaria na mesma medida.

Precisei de um tempo, e a terapia foi fundamental para aprofundar essa reflexão. Quer espaço melhor para nos mostrar sem filtro? Para deixar a personagem de lado e nos encarar no espelho, vendo, inclusive, tudo aquilo de que não gostamos?

Aquele julgamento todo também era inveja. Eu não queria mais perder tempo olhando para o que os outros conseguiam fazer e eu não. Eu queria fazer também. Queria deixar o medo de lado. Queria me jogar na arena. Mostrar que tinha coragem, mesmo que ainda não a colocasse em prática.

O resultado foi que em poucas tentativas a magia aconteceu. Eu estava escrevendo o que queria, e aquilo fazia sentido para outras pessoas. Um baita presente. Agora, sim: estava sendo eu. Estava fazendo o que sentia que vim fazer neste mundo. Nem sempre com tanta certeza, mas com mais coragem e mais generosidade com o outro também. Um caminho maravilhoso — e sem volta.

Mas o que é esse tal fenômeno da impostora?

O conceito de fenômeno da impostora surgiu em 1978, resultado da pesquisa feita pelas norte-americanas Pauline Rose Clance e Suzanne Imes, da Universidade do Estado da Geórgia[4]. Elas conduziram um estudo com mais de 150 mulheres em posição de destaque e perceberam uma tendência comportamental entre elas: a despeito das evidências e da dedicação, elas se sentiam uma fraude e acreditavam que o sucesso que experimentavam estava ligado à sorte ou a outro fator aleatório. Quem vivencia o fenômeno insiste em acreditar que não é brilhante coisa nenhuma e que qualquer pessoa que pense o contrário está enganada.

Essa curiosa linha de raciocínio leva a alguns comportamentos repetitivos, como se comparar a colegas que supostamente fariam melhor determinada tarefa, gastar muita energia para manter a performance em patamares altos, ser perfeccionista, questionar se deveria mesmo estar ocupando determinada posição de poder ou até mesmo procrastinar a execução de trabalhos por não se sentir preparada o suficiente.

Você se identifica, querida leitora?

Sabia que não está sozinha? "Às vezes acordo de manhã antes de ir para uma filmagem e acho que não vou conseguir, que sou uma fraude", já disse a premiada atriz Kate Winslet. A cantora Jennifer Lopez já disse: "Eu me vejo como uma azarona. Sempre sinto que estou lutando. Sempre. Sempre senti que eu não era a pessoa que deveria estar na sala. Isso faz parte de ser porto-riquenha, do Bronx e mulher. Você entende o que quero dizer? Tudo isso. Não ter nascido em uma família com dinheiro. Não conhecer ninguém na indústria." Jodie Foster, também atriz, disse: "Quando ganhei o Oscar, pensei que tinha sido um erro. Achei que todo mundo iria descobrir, que o pegariam de volta. Imaginava que viriam à minha casa e bateriam na porta. 'Com licença, gostaríamos de dar o Oscar para outra pessoa. Era para ter ido para Meryl Streep.'" A questão é que a própria Meryl Streep já disse: "Você pensa: 'Por que alguém iria querer me ver em mais um filme?' E eu não sei como agir de outra maneira, então por que estou fazendo isso?" Charlize Theron, Viola Davis, Sheryl Sandberg, do Facebook, e até a ex-primeira-dama Michelle Obama, todas já confessaram experimentar o fenômeno.

Um parêntesis: você já deve ter ouvido bastante a expressão "síndrome da impostora". Eu mesma usava esse termo quando comecei a estudar o tema. Hoje se fala em "fenômeno da impostora" porque, para uma circunstância ser considerada "síndrome", ela deve ser reconhecida pela Organização Mundial da Saúde (OMS) por apresentar certos sinais e sintomas, assemelhando-se a uma doença.

Para contextualizar mais, vamos de dados? Um estudo feito pela Discovery Inc.[5] em 2021 com 1.250 entrevistadas de variadas localidades e classes sociais traz dados interessantes:

- 46,1% das mulheres acreditam que os outros as julgam mais competentes do que realmente são;
- 58,7% das mulheres têm medo de não corresponder às expectativas dos outros;
- 59,6% das mulheres têm medo de não parecerem confiantes no que fazem.

É comum que as mulheres que vivenciam o fenômeno tenham dificuldade em reconhecer os próprios créditos. A pesquisa mostra como isso se manifesta: "Se eu venci, foi por: acaso / sorte / privilégio / networking / timing. Ou por esforço: me preparei mais do que o normal / me dediquei além do esperado / abdiquei de coisas."

Sabe aquilo de conhecer as pessoas certas? De estar no lugar certo na hora certa? De se dedicar tanto a ponto de conseguir?

Resumindo, o fenômeno da impostora nos faz acreditar que todo o nosso mérito é resultado direto de sorte, de estar no lugar certo na hora certa ou de ter conseguido "enganar" as pessoas sobre nossa capacidade e inteligência.

Sentir tudo isso leva a níveis de autoexigência inalcançáveis. Quem nunca aceitou tarefas que seriam responsabilidade de terceiros e depois precisou ficar até mais tarde para terminar o próprio trabalho? Ou ficou com um sentimento ruim por entregar um trabalho ótimo, mas que ainda não estava perfeito? E quem nunca disse sim quando queria dizer não e ficou sem tempo para focar no que era importante?

Por que isso acontece?

É um problema social. O mundo é desenhado e comandado por homens. Mesmo hoje as mulheres são socializadas para ficar dentro de casa, contidas. Um estudo realizado por Monica Biernat e Diane Kobrynowicz mostrou[6], inclusive, que homens tendem a superestimar os resultados que obtêm em provas. As mulheres, por outro lado, tendem a esperar resultados piores do que os que de fato acabam obtendo.

A cultura patriarcal nos ensina que as habilidades ditas como femininas não têm tanta importância quanto as masculinas. Por isso há trabalhos que envolvem o cuidado com outras pessoas (como as crianças ou os idosos da família, fazer serviços domésticos) que não são pagos nem têm valor social, embora sejam imprescindíveis para a sobrevivência de todos.

Existem estudos que explicam que as meninas a partir dos 5 ou 6 anos já têm a sensação de pertencer a um grupo inferior[7]. Para essas crianças, as mulheres podem fazer coisas boas, mas são os homens que se destacam. Estamos falando de estrutura, mas também de inadequação e pertencimento.

Ainda citando a pesquisa da Discovery, em um estudo apresentado na revista *Science* em 2017 foi perguntado a meninos e meninas se eles acreditavam que alguém do gênero oposto ao seu era "brilhante". Entre as crianças de 5 anos, não foram observadas diferenças entre o gênero feminino e o masculino. Contudo, a partir dos 6 ou 7 anos a probabilidade de as meninas considerarem a pessoa brilhante como sendo do seu gênero começou a cair.

"Os primeiros cinco e seis anos de vida são os momentos em que a criança imprime tudo, quando ela cria sua base, período fundamental no nosso desenvolvimento", disse Fani Hisgail, psicanalista. E no estudo ainda lemos: "A vivência do 'fenômeno do impostor' envolve o conceito de 'ignorância pluralista' — pensamos que todas as outras pessoas se sentem ótimas, confiantes e merecedoras de suas vitórias."

"A síndrome do impostor direciona nossa visão para consertar as mulheres no trabalho, em vez de consertar os lugares onde as mulheres trabalham", diz um artigo assinado por Ruchika Tulshyan e Jodi-Ann Burey na *Harvard Business Review*. "O impacto do racismo sistêmico, do classismo, da xenofobia e de outros preconceitos estava categoricamente ausente quando o conceito de síndrome da impostora foi desenvolvido. Muitos grupos foram excluídos do estudo, nomeadamente mulheres negras e pessoas de vários níveis de rendimento, gêneros e experiências profissionais. Mesmo como a conhecemos hoje, a 'síndrome da impostora' coloca a culpa nos indivíduos, sem levar em conta os contextos históricos e culturais que são fundamentais para a forma como ela se manifesta tanto nas mulheres negras quanto nas mulheres brancas"[8], completa.

Além de tudo, é um rótulo pesado de carregar. "O impostor traz um toque de fraude criminosa à sensação de simplesmente estar inseguro ou ansioso por ingressar em uma nova equipe ou aprender uma nova habilidade. Acrescenta-se a isso o tom médico de 'síndrome', que lembra os diagnósticos de 'histeria feminina' do século XIX. Embora os sentimentos de incerteza sejam uma parte normal e esperada da vida profissional, considera-se que as mulheres que os vivenciam sofram da síndrome da impostora. Mesmo que as mulheres demonstrem força, ambição e resiliência, as batalhas diárias contra as microagressões, especialmente as expectativas e suposições formadas por estereótipos e pelo racismo, muitas vezes nos empurram para baixo. A síndrome da impostora, enquanto conceito, não consegue captar essa dinâmica e coloca sobre as mulheres a responsabilidade de lidar com os efeitos. Os locais de trabalho continuam sem encontrar soluções individuais para problemas desproporcionalmente causados por sistemas de discriminação e abusos de poder."

Fala que eu não te escuto, impostora!

A vida inteira eu gostei de dividir o que aprendo com mais gente. Isso daria todo um outro texto, falando sobre como a internet transformou minha vida, ampliou meus horizontes, mudou minha trajetória profissional. Mas vou me ater ao tema.

Em 2020, no auge da pandemia, impactada por ter entendido que eu não era a única me sentindo daquela forma, resolvi começar um quadro de entrevistas no meu perfil do Instagram. Dei a ele o nome de *Fala que eu não te escuto, impostora* e convidei várias mulheres que eu admirava de perto e de longe.

Antes disso, fiz algumas rodas de conversa também, com mulheres do Brasil todo, nas quais ouvi frases como:

"Me cobro demais, a ponto de beirar a exaustão."

"Quero ser amada pelo fazer, e não pelo ser."

"Se não visualizo o caminho, prefiro não caminhar."

"Fui tentando me esconder para não incomodar."

"Mulher negra em cargo de poder não pode falhar, porque fecha portas para outras."

Forte demais, né?

Revisitar essas entrevistas me deu a dimensão daquele projeto, que ajudou a diminuir a voz da impostora em mim. Não sei se posso dizer que o *Fala que eu não te escuto, impostora* me salvou, mas sem dúvida as mulheres com quem conversei mudaram muita coisa em mim. Eu as entrevistei entre 2020 e 2022 e vou trazer algumas delas para esta nossa conversa também. Ao longo do livro vou compartilhar essas histórias na seção "Fala que eu não te escuto, impostora". Assim, você vai conhecer um pouquinho delas ao ler trechos do que as próprias me contaram sobre si mesmas, suas questões e como enfrentaram a impostora dentro de si.

Um convite

Sempre que falo do fenômeno da impostora, acabo dizendo que precisamos ocupar os espaços não apenas por nós, por aquelas que abriram caminho para que pudéssemos estar aqui, mas, principalmente, para as mulheres que ainda vão chegar. Imagine sua filha, sobrinha, afilhada, a filha de uma amiga, todas com a mesma idade que você tem hoje, não passando pela metade das autossabotagens que você passou? Imagine-as ocupando os espaços com a certeza e a fúria de quem sabe que tem muito a consertar — e a conquistar também?

Este livro parte de um ponto de vista tão individual que, a certa altura, eu pensei: é assunto para um livro ou para sessões de terapia? Exatamente por estudar sobre as engrenagens que nos fazem sentir assim, segui com a escrita. Porque não sou só eu. Somos nós. Apequenadas, diminuídas, silenciadas — e nos silenciando também.

Eu acredito que precisamos contar nossas histórias. Porque, ao fazer isso, honramos nossa trajetória. Só nós mesmas sabemos o quanto caminhamos para chegar até aqui, como diz a música. Quando dividimos, encontramos a outra. Expandimos o coração. Buscamos recursos para além de nós mesmas. É com o outro que estabelecemos conexão. Foi assim que prosperamos como humanidade. É assim que vamos continuar seguindo, apesar de todos os pesares deste mundo que continua nos apavorando.

Escrevo para me mostrar, me afirmar, me reconhecer — e também para abraçar todas as minhas versões que vão surgindo conforme as mudanças acontecem. Sinto que passei a maior parte da vida me escondendo e que agora tenho uma urgência de nunca mais me permitir ficar nesse lugar.

Escrever já me salvou inúmeras vezes. E o meu convite neste livro é para que você olhe para dentro e busque sua boia em meio a esse mar revolto.

Vem comigo?

Para começar esse percurso juntas, tenho um pedido para você. Como já disse, só acredito no fazer junto. Então, ao longo do livro, vou trazer perguntas para você responder. Sugiro que você escolha um caderno para te acompanhar nessa jornada. E que tire um tempinho para você. Nem que sejam cinco minutos. Topa?

O que vem à sua cabeça quando ouve falar do fenômeno da impostora? Você se sente uma? Já se sentiu em algum momento?

_____

_____

_____

_____

Quando a impostora teima em aparecer, o que você costuma pensar? Escreva abaixo:
(Exemplo: acho que não sou boa em nada do que eu faço)

_____

_____

_____

_____

Esses pensamentos são válidos? A partir de que evidências?
(Exemplo: acho que nunca ouvi isso de ninguém, será que faz sentido mesmo?)

_____

_____

_____

_____

_____

Quais seriam pensamentos alternativos a eles?
(Exemplo: caramba, estou lembrando daquela vez que fiz uma entrega enorme e recebi um feedback que me emocionou)

_____

_____

_____

_____

_____

A GENTE PASSA UMA VIDA INTEIRA VOLTANDO PARA A INFÂNCIA

O que moldou sua infância?

Escrever este livro me fez voltar muitas vezes para minha infância. Às vezes em sonho, outras em *insights* que surgem não quando estou escrevendo, mas enquanto faço outra atividade e, de repente, *plim*: é por isso, então, que me sinto assim? É de tão longe que isso tudo vem?

Quem me vê hoje existindo e compartilhando muito do que eu penso na internet pode até duvidar de que aqui dentro existe alguém que ainda se sabota tanto. Alguém que olha para o que faz e pensa: ainda não está bom o suficiente; poderia ter me esforçado mais, me dedicado mais, elaborado mais. Como se qualquer realização precisasse de um pouco de sacrifício também.

Como fui criada? Quais eram as palavras que eu ouvia? Era desafiada a continuar tentando, mesmo que errasse? Qual era, aliás, o peso dos erros? Quando tudo dava certo, o que eu ouvia? "Uau, que demais!" ou um silêncio que só faltava dizer "Não fez mais que sua obrigação"?

Lembro da poeta Louise Glück, que escreveu: "Nós olhamos para o mundo uma vez, na infância. O resto é memória."

Tento me lembrar da criança que fui. Consigo olhar para a criança cuja infância tenho um tanto em minhas mãos.

Da criança que fui, lembro do quanto minha mãe e minhas tias queriam me proteger. Eu brincava que, se elas pudessem, me colocariam numa bolha. Eu me lembro de uma frase que circula nas redes sociais que diz algo como: "Que louco imaginar que as pessoas que estavam te criando tinham a mesma idade que você tem hoje e estavam tentando se entender enquanto faziam esse papel." Sem dúvida elas fizeram o melhor que podiam nas condições que tinham, e eu agradeço.

Mas tenho sentido falta de acolher a criança que fui. Talvez eu tivesse dito mais para a miniDani como ela era bonita, inteligente, esperta, boa companhia. Talvez eu tivesse celebrado mais as histórias que ela escrevia desde pequena. Talvez eu a tivesse abraçado mais, enchido de beijo, para que, na adolescência, ela não dissesse que não gostava de abraço — quando, na verdade, só não estava acostumada a essa linguagem do amor.

O que você diria para sua versão criança?

É um dos maiores clichês, eu sei, mas ter um filho faz a gente olhar para tudo com outra perspectiva. Tem uma criança inteirinha aqui na minha frente, ainda muito pouco prejudicada pela própria família ou pelo mundo.

O que falo para ele sobre ele? Como acolho seus sentimentos? Como aprendo a lidar com as frustrações dele, enquanto preciso entender por que aquele choro que não para bate em mim como angústia?

Aqui em casa a gente fala tanto sobre o quanto ele é maravilhoso que eu brinco que é assim que se constrói a autoestima do homem branco. Essa parte é até fácil. Mas como a gente faz para não passar nossas angústias e inseguranças, nossos medos, adiante? Até porque uma criança é uma esponja. Um dia, eu estava dirigindo e falei: "Tô com muita confiança!" Um pouco depois, lá estava ele falando algo e repetindo "confiança".

Pode ser pretensão ou ilusão, ou tudo junto e misturado, inclusive com alguma obviedade, mas acho que a gente tem a capacidade de ajudar a moldar o jeito como um ser humano vai se sentir ao longo da vida. Isso é poderoso demais — e assustador também.

Que palavras compõem nosso dia a dia? De que forma lidamos com os acontecimentos? Como estimulamos quem está ao nosso redor? Como lidamos com as falhas, os erros, os acontecimentos que fogem do roteiro? Como celebramos o que dá certo? Como olhamos para a vida menos a partir do copo meio vazio e mais com o copo meio cheio?

Minha terapeuta me diz que estou aprendendo a me "automaternar". Que tenho olhado para o que me faltou e tentado suprir isso. Tenho dito a mim mesma o que gostaria de ter ouvido. É um caminho que às vezes dói, que me dá vontade de acolher a miniDani e dizer "tá tudo bem, meu amor, você é maravilhosa". Você é o que é — e isso é mais do que suficiente.

É uma jornada que me deixa com muitas perguntas também. Como cuido de mim? Como me acolho? Como aprendo a celebrar a conquista, em vez de dar tanta atenção à falta? Como honro tudo por que passei e tudo que tive que fazer para chegar até aqui? Como saio da escassez e vou para a nutrição? Como me abasteço de mim? São perguntas que eu gostaria muito que você se fizesse também.

Intercalando minha infância com a do meu filho, lembro de Winnicott, psicanalista inglês que cunhou a expressão "mãe suficientemente boa" e virou um norte para minha maternidade. Para além de tentar ser essa mãe, como eu quero aprender a ser uma mulher suficientemente boa! Imagina se nos contentássemos em ocupar esse lugar?

Tudo o que vivemos até agora nos trouxe até aqui. Entre erros e faltas, com muito acolhimento e acertos também. Não sabemos quanto tempo temos pela frente. O que faremos a partir daqui? Como nos trabalharemos internamente para olhar para nós mesmas com mais carinho, mais cuidado? Como olharemos para tudo o que fazemos e aprenderemos a dizer, com orgulho, "Eu dou conta e faço tudo bem"?

Me colocar nesse papel, mergulhando em tanto de quem fui, de quem sou e de quem estou me tornando, me apavora. Mas sinto que não tenho outra opção.

Que jamais nenhuma insegurança ouse me paralisar. Desejo que você venha junto nessa, porque eu sei que, quando falo, falo por mim e acabo ecoando outras vozes, de mulheres que me criaram, de mulheres que me brindam com sua amizade, de mulheres que nem conheço, mas que sei que também sentem tudo isso.

Onde foi parar aquela menina que eu fui?

Eu queria ser dessas pessoas que encontram alguém uma única vez e, cinco anos depois, são capazes de dizer: "E Bernardo, como anda?" Sendo Bernardo uma criança que tinha acabado de nascer e quem perguntou soube do nascimento apenas pelos stories do Instagram. Esse tipo de gente que não só é gentil como também tem uma memória de dar inveja ao Google.

Mas eu mal dou conta de lembrar do que aconteceu há cinco semanas...

Talvez seja por isso, também, que eu escrevo. Para registrar, para poder voltar ao que fui, ao que estava sentindo, ao que vivi.

E como eu queria voltar para a minha infância. Queria muito saber da menina que eu fui. Ela era corajosa? Sentia que podia fazer qualquer coisa que quisesse? Como era aquela menina? Onde foi parar aquela menina? O que ainda tem dela em mim?

Lembro que amava andar de bicicleta, ia sem medo. Colocava no aro da roda de trás uma tampa do pote de margarina presa com um pregador de lavanderia. Saía na velocidade fazendo *vruuuuum* e achando o máximo.

Ficava no portão da casa da minha avó com as mãozinhas para fora, interpelando quem passasse: "Me leva para passear?" Queria a rua, queria mais do que aquele quintal onde eu juntava dois tijolos, colocava uma tábua, pegava umas frutas (da cozinha, mas também direto do pé de acerola) e brincava de supermercado por horas.

Esses dias, minha tia falou que, até certa idade, eu era tímida, ficava grudada nela quando ela me levava ao trabalho ou ao shopping.

Minha família não é muito de ficar contando histórias, lembrando do passado. Temos nossas tantas dores, então parece que falar do que passou acaba trazendo junto o que não foi bom também. Já tentei essa interlocução ao vivo, por e-mail, por carta, numa tentativa de criar uma retrospectiva da minha vida, de ter insumo para ao menos falar com mais propriedade na terapia. Nunca tive muito sucesso. A infância continua sendo uma mistura de buracos na memória com relances resgatados.

Quais são os episódios da infância que me deixaram desse jeito, com uma coragem que tanto oscila?

Dizem que os primeiros anos da infância moldam quem a gente é para o resto da vida. A forma como somos cuidados, o amparo que sentimos, o amor que nos é dirigido, tudo isso faz a gente sobreviver como espécie. Se não formos adotados, escolhidos para ser cuidados, não ficamos aqui.

Lembro de querer voltar a pé da escola, quando já era adolescente, e ouvia da minha mãe e das minhas tias que era perigoso, não dava. Eu retrucava falando que elas me queriam presa numa bolha, que me protegeria de qualquer coisa. Algo que o próprio correr da vida mostrou ser impossível.

Aí eu olho para o meu filho. E se torna inevitável pensar na minha criança. Enquanto cuido dele, penso em como fui cuidada. Enquanto passo pela prova de resistência que é ter paciência com um bebê que está se descobrindo no mundo e aprendendo a sentir tudo, penso: quem teve paciência comigo? Quem cuidou de mim quando eu era um bebê? Quando ele faz birra e eu tenho vontade de dizer "engole o choro", a qual cena da minha própria infância eu estou reagindo? Quantas vezes eu quis colo e não tive?

A vida é esse eterno ir e vir. Costurar o presente com as tramas do passado, pensando no que vai tecer nosso futuro.

Me deu vontade de te perguntar: o que você mais teve na infância? E o que te faltou? Como essas duas coisas impactaram a sua vida? O que você tenta fazer diferente hoje com seu filho/sua filha/seus filhos, quase para compensar uma falta, uma ausência? Você sabe acolher a criança que ainda mora dentro de você? Como demonstra mais gentileza e compreensão diante de tudo que aconteceu e acontece contigo?

A primeira vez que não tive coragem

Da primeira vez que me faltou coragem, eu tinha 6 anos e fazia aulas de inglês depois de muita insistência. Meu irmão já falava inglês, minhas tias também. E elas adoravam fofocar, o que me faz pensar que está no sangue.

Já naquela idade eu me interessava muito pelo que os outros tinham a dizer, e elas começavam a falar em inglês quando não queriam que eu ficasse por dentro do assunto. Mas criança tem uma capacidade impressionante de aprender, e eu prestava tanta atenção que às vezes acertava e deduzia qual era a conversa. Fiquei pedindo: "Me coloca na aula de inglês, me coloca na aula de inglês!" Aquela repetição que criança sabe fazer como ninguém.

Me colocaram na aula, e eu achei o máximo. Lia os livrinhos, escrevia as palavras, ouvia músicas, sentia um prazer danado de frequentar o curso. Me achava gente grande porque podia entender o que mais gente falava também.

Eis que chegou o dia dos pais no curso de inglês (escolas, por favor melhorem e se atualizem, façam dia da família, até porque famílias são plurais). O pedido: escolher a música preferida do seu pai, para cantá-la numa apresentação. Fiquei sem saber o que fazer. Não sabia qual era a música preferida dele. Nós não convivíamos. Ele se separou da minha mãe quando ela estava grávida de mim. Nos víamos na minha infância, mas não tenho muitas lembranças. Nunca convivemos sob o mesmo teto.

Eu me lembro dessa cena até hoje, menos como um incômodo e mais com uma sensação de que fiquei perdida. Não tinha coragem de dizer que não sabia de que música ele gostava. Também não tinha coragem de dizer que não ia subir naquele palco. Achava que todos iriam me olhar com pena. E, de alguma forma, tão pequena, talvez eu já entendesse que representamos papéis na vida e que muitas vezes é preciso escolher como nos portamos diante dos outros.

Talvez fosse só vergonha mesmo. Todo mundo ali ficou empolgado com o pedido da professora. Eu me senti deslocada, incomodada, sem jeito, sem ação. Não lembro quanto tempo durou.

Até que fui salva por outra criança, Raquel. Numa época que deve ter durado alguns meses, ela foi minha melhor amiga. Ela me pegou pelo braço e disse que íamos cantar juntas. Uma música dos Beatles.

Naquele momento, Raquel me poupou do medo, da vergonha, da sensação de estar deslocada. Foi mais pedagógica do que qualquer professora. Me emprestou a coragem que eu não tinha, não só para dizer que não iria participar da atividade, mas para subir naquele palco de carpete cinza mesmo assim.

Eu me lembrei dessa história quando comecei a pensar qual foi a primeira vez que não tive coragem. Talvez se o assunto já estivesse mais bem resolvido entre meus pais eu soubesse dizer que, além de serem separados, morávamos em cidades diferentes. Ele ficava em Brasília, e nós, no Recife. Pelos álbuns de fotos da minha infância até podia parecer que ele ia com frequência ver meu irmão e eu. Mas me recordo dessa presença apenas em ocasiões pontuais.

É curioso perceber como a música que faltou acabou criando uma ligação entre nós num futuro distante. Na adolescência, começamos a trocar uns e-mails. Ele se empolgou quando minha mãe contou que eu tinha começado a ouvir jazz. Ela falou, inclusive: "Você é muito filha do teu pai, ele é apaixonado por jazz."

Daí as conversas se tornaram aulas sobre Miles Davis, John Coltrane, Beatles, também. Ele passou a me mandar caixas de álbuns, e-mails que pareciam quase um verbete da Wikipedia, só que escritos por ele, jornalista também.

Quando ele morreu, herdei seus livros e discos. Acho que passei a conhecê-lo mais pelo que ele lia e escutava do que pelas conversas que tivemos. Não foram muitas, e que doido pensar que parte de mim vem de alguém que mal conheci.

Não sei como termina este texto, além desse entendimento da primeira vez que me faltou coragem. Que bom que o roteirista da vida nos deu algumas cenas com trilha sonora. Porque, ao escrever sobre minha infância, não carrego uma tristeza por esse episódio, talvez só uma vontade de que minha mãe e minhas tias pudessem ter me preparado melhor para nossa configuração familiar.

Lembrar tão vividamente de um episódio ocorrido há muito tempo talvez seja um sinal de como ele foi marcante. Será que a partir dali fiquei mais medrosa? Quantas vezes mais me silenciei quando o assunto envolvia ter um pai ausente?

Foram muitas as lembrancinhas de dia dos pais que fiz no colégio. Até mesmo cinzeiro, porque, afinal, fui uma criança dos anos 1990. Até que um dia virei para a mãe e disse: "Não vou mais fazer nem vou ficar ligando para ele. A gente não se conhece, não tem o que conversar." Empoderada ou magoada? Realista ou muito adiantada para a idade? Birra ou um breve ato de coragem?

Foi naquele momento que entendi que não queria representar um papel se aquelas cenas não aconteciam. Fui conhecer meu pai na troca de e-mails da adolescência. Nos livros e nos discos que ele deixou. Nas histórias que ouvi no velório dele. Queria que tivéssemos nos aproximado mais, só que eu era uma criança, nem sabia que esse papel poderia ser meu. Adolescente, talvez tivesse esperado ele fazer o movimento. Não sei.

Ao contar isso, percebo que tratamos crianças de forma distante. Ainda mais se isso se refere a crianças criadas nos anos 1980/1990 e antes disso, quando estudar sobre parentalidade ou disciplina positiva nem passava pelo horizonte. Nossas famílias estavam fazendo o melhor que podiam nas condições que tinham — e olha que belos exemplares de gente essa equação deu, não é?

Com a facilidade de olhar para o ontem com uma mente resolvedora de conflito, penso que o que fica dessa história é que precisamos dar espaço para o incômodo, o não dito, o que foge do padrão. Quais conversas evitamos ter com uma criança? Como lidamos com a ausência? Se um papel não está sendo exercido de forma próxima, será que não devíamos falar sobre isso? Trazer as emoções para a mesa também, sabe? "Filha, como você se sente com seu pai morando longe e vocês se encontrando poucas vezes?" "Filha, aliás, deixa eu te contar como a gente se conheceu. Mesmo que a mágoa quase não me permita isso." São momentos que eu gostaria de ter vivido. Mas talvez tenha faltado coragem, ou força, para todos os envolvidos poderem falar sobre tudo isso comigo.

Qual foi a primeira vez que te faltou coragem? Faça uma escavação na memória e tente lembrar. Na sequência, escreva sobre isso aqui.

_____

_____

_____

_____

Quando não tive coragem de continuar na ginástica artística por medo de dar um mortal
(e como isso abalou minha relação com a persistência)

Talvez esteja tudo enraizado na infância, e agora eu me sinto uma matriosca desvelando histórias de coragem, ou da falta dela, a partir dos meus primeiros anos.

Nunca fui uma criança do corpo, dos esportes, das aventuras. Até gostava de andar de bicicleta e subir em árvores, mas não era versada em arroubos mais intensos. Ou era e estou fazendo uma releitura diferente de quem fui. Porque eu pulava muro numa boa, não via obstáculos para o que eu queria fazer. Como gostamos de nos colocar em caixinhas, né?

Parêntesis à parte, quero contar que eu era apaixonada pela Nadia Comaneci, primeira ginasta da história a tirar nota máxima em diversos aparelhos. Por conta dessa influência, fui fazer ginástica artística. Já tinha feito balé e desistido. Era hora de tentar a ginástica. Qual não foi minha surpresa ao ver que eu era boa? Tinha um alongamento incrível. Afinal, 7, 8 anos de idade. Era coordenada. Sentia prazer ao fazer aquilo — e, na minha relação com o corpo em movimento, foram pontuais as vezes em que isso aconteceu.

Eu tinha até uma camiseta com os dizeres "Insista, não desista". Participava daquelas competições que servem para todas as crianças ganharem medalha — e que bom que elas existem também, para não perpetuar apenas a lógica do pódio.

Quando me lembro dos tempos de escola, sempre me vejo como uma criança mediana. Eu me daria uma nota sete. Eu não era alvo de bullying, mas também não era popular. Passava batido. E imagino que muita gente hoje, caso eu participasse de um reencontro de turma vinte anos depois, nem lembraria que um dia dividiu comigo os corredores daquele colégio cristão só para meninas (mas que na minha época já tinha flexibilizado a regra).

Então, entrou uma menina nova na minha turma, chamada Carolina. Ela tinha morado na Inglaterra, e isso já era o suficiente para que eu e minhas amigas a achássemos o máximo. Além disso, ela também fazia ginástica artística e era muito boa! Consigo lembrar que ela terminava o movimento com uma firmeza que me lembrava a das ginastas das Olimpíadas.

Pois foi ao vê-la dando um mortal perfeito aos meus olhos que não tive coragem de aprender o mesmo salto. Eu não conseguiria tamanha destreza. Então, por que tentar? Enquanto fazia ponte, estrela, trave e ousava um pouco nas barras, estava segura, conseguindo fazer o que precisava ser feito. Saltar para trás quase num abismo? Travei. Não daria conta, não saberia fazer. Em vez de tentar, pensei que falharia. Era melhor fazer o que eu já sabia do que tentar algo novo e me deparar com a dúvida.

Pedi para sair da ginástica e fui prontamente atendida pela minha família. Essa história sempre volta para mim, porque eu queria, de novo, que tivessem conversado comigo. Diante do medo, queria ter tido apoio, inclusive para me machucar, se fosse o caso. Talvez uns arranhões físicos naquele momento tivessem me talhado menos medrosa mais adiante. Vamos cair, nos machucar, sentir medo ao longo de toda a vida. Por que não seguir adiante? O famoso "vai com medo mesmo".

Não sei o que foi feito de Carolina. Ela não deve ter se tornado ginasta, mas talvez tenha virado uma mulher muito mais confiante do que eu. Esse episódio me faz pensar que seguir avançando num esporte seria uma oportunidade incrível para a criança que fui.

Até hoje sigo na dificuldade de engrenar numa atividade física de forma constante. Parece que me falta coragem para persistir. Fico querendo voltar nessa infância e ouvir: "Dani, continua mais um pouco, que tal terminar o semestre e ver como se sente? Você está com medo? O que está sentindo? Já pensou em conversar com a professora, para entender mais sobre os novos movimentos que você vai aprender? Imagina se uma hora você pega gosto e começa a participar de competições? Ou se 'só' continua a experimentar esse tanto de prazer que sente ao fazer algo que gosta?"

Tive medo de me machucar, acho que minha família também. Mas me colocar nessa bolha de proteção e não confrontar minha desistência não me impediram de me machucar lá na frente.

Porque é a vida, não é? Ela não é só pódio. É ferida, curativo, bandagem, remendo, tala, gesso, muleta. Pode até ter fratura. Mas nós nos consertamos, cicatrizamos. Usamos o pó de magnésio para diminuir a sensação escorregadia das acrobacias. E agora não sei mais se estou falando de ginástica artística ou da ginástica que temos de fazer para viver tanta coisa desafiadora ao mesmo tempo.

Você se lembra de algum episódio em que não teve coragem para seguir com os desafios do corpo? Acha que isso afetou quem você é hoje? Conta: como é a sua relação com esporte e exercício físico?

_____
_____
_____
_____
_____

Quando não continuei na aula de piano porque a professora citou Rosana

(e minha família era "intelectual" demais para essa referência)

Dos arrependimentos da minha infância, além de não ter continuado na ginástica ou em qualquer outro esporte que me ensinasse sobre corpo, saúde e persistência, lamento não ter feito aula de música por um tempo considerável.

Esses dias, estava no show de uma amiga, e como é mágico ver a sintonia dos músicos no palco. Existe um *flow* em que eles entram e que transborda para a plateia, mas imagina fazer esse som você mesma? Entrar numa melodia que já está em curso porque você entende sobre tom, acorde, harmonia?

Sou apaixonada por música, ouço todo dia, ir a show é algo que está no meu top prazeres da vida. Daí penso: "Como deve ser bom poder tocar um instrumento..."

Nessa infância de muitos "sim" que tive, mais essa habilidade deixou de ser desenvolvida. Cheguei a fazer aulas de flauta transversa no conservatório. Achava o professor, Sérgio, muito bonito. Ele tinha o cabelo comprido e uma destreza danada ao tocar. E ainda misturava um repertório erudito com um popular, fazendo referência a forró, por exemplo.

Minha tia era quem me levava para essas aulas, ela sempre me incentivou a fazer tudo o que eu queria. Eu também fazia aulas de teoria e cheguei a aprender a ler uma partitura. Saudade desse cérebro de criança que absorvia tudo como uma esponja!

A certa altura, dei para querer fazer aula de piano. Sempre achei tocar piano uma das coisas mais lindas da vida. A professora foi me perguntando algumas coisas, gostou de saber que eu já tinha começado a fazer aula com outro instrumento.

Muito dessa vontade vinha de ver meu irmão apaixonado por música clássica. Ele, sete anos mais velho que eu, não só ouvia Beethoven, Mozart, Wagner e toda essa turma, o dia inteiro, como também fazia aula de violino — e tocava de um jeito que chegava a me emocionar. Um dos passeios que mais fazíamos era ir a concertos em teatros, igrejas e até no parque da Jaqueira, em Recife. Até hoje me lembro do concerto patrocinado por uma marca de sabonete. No repertório, "As quatro estações", de Vivaldi, cuja peça referente ao inverno sempre me faz chorar.

Com essa referência em casa, qual não foi minha surpresa quando a professora decidiu tocar Rosana no piano? Aquela do clássico popular "como uma deusa", da música "O amor e o poder", sabe? "Como uma deusa, você me mantém / E as coisas que você me diiiiz / me levam além." Consigo lembrar da troca de olhares que tive com minha tia. *Como assim nesse instrumento quase sagrado você toca música de novela?*

Tão pequena e com tanto julgamento. Um julgamento alimentado pelo lugar que a música clássica ocupava na minha casa. Era sério, era intelectual. Não dava para tocar música de novela no piano.

Que bobagem enorme! Quanto preconceito!

Sei que isso foi suficiente para que eu não quisesse seguir com a aula. Talvez tenha sido só uma desculpa boba. Afinal, ficar diante de algo novo também dava medo. Será que eu teria capacidade de aprender? Será que conseguiria tocar com as duas mãos? Será que atingiria alguma velocidade?

Talvez esse tenha sido mais um episódio em que desisti antes mesmo de tentar.

Que pena. Que perda de tempo. Se eu tivesse começado a aprender aos 8 anos já teria mais de trinta de experiência.

Fico pensando nisso porque agora, tendo filho, quero muito apresentá-lo a possibilidades. (Mentira, estou falando assim bonito, mas meu sonho é que ele toque piano mesmo. Freud, corre aqui!) Quero conversar com ele sobre tentativa e sobre repertório. Se fosse hoje, eu acharia o máximo uma professora que pega algo pop e traz para uma cultura mais clássica. Quantas coisas colocamos num pedestal? A música erudita é uma delas. É para "iniciados", para "quem entende". Que balela. Se causa alguma emoção em você, pronto, já foi, já fez sentido.

Isso me leva a pensar em quanto tempo perdi também tendo preconceito com outras coisas. Um exemplo? Livro de autoajuda. "Não, isso não é literatura. É algo menor." Pois uma vez, num daqueles momentos de "vamos dar um tempo no namoro", foi um livro de autoajuda que me salvou. Para ser mais específica, *As cinco linguagens do amor*, de Gary Chapman. Foi lendo esse livro que percebi que um dos problemas daquele namoro que virou casamento era a comunicação. Eu queria ser "enaltecida" por arrumar a casa; minha namorada queria ganhar presente. Sério, é tão simples. Mas deduzimos que entendemos o outro quando, na verdade, estamos apenas arranhando a superfície. Foi esse livro de autoajuda, que só li porque estava naquele desespero, que me ajudou a enxergar isso.

Quanta coisa deixamos de fazer ou de apreciar porque, na nossa cabeça, o julgamento não cessa? Que perda de tempo. E quanta pretensão! Porque é muito fácil julgar o outro, as coisas, a partir desses parâmetros inatingíveis que colocamos para nós mesmas.

Não tive coragem de continuar na aula de piano, tenho até vergonha de lembrar. Mas hoje consumo o que quer que me faça bem. É aquela máxima: *serviu? Aproveite. Não serviu? Descarte.* E nesse meio-tempo amplie a visão de mundo, suas referências, seu repertório. Há muito mais inteligência neste mundo do que julga nossa vã percepção.

O que você já deixou de fazer por preconceito? Ou por deixar o sarrafo do julgamento alto demais?

_____
_____
_____
_____
_____

Quando faltou coragem para expor a violência

A memória nos pega de surpresa. Acabei me lembrando de um episódio em que me faltou coragem e sobraram dor, vergonha, medo, incredulidade.

Eu tinha uns 4 ou 5 anos, estudava numa escola de bairro, dessas que transformam um casarão antigo e sem uso num espaço de convivência. As paredes chapiscadas e acinzentadas, as grades nas janelas, um quintal espaçoso, com uma daquelas casas de brinquedo em madeira, pintada em cores primárias.

Lembrei que já tinha escrito sobre isso e nunca publiquei. Talvez por medo, vergonha ou por nem saber se minha tia contou para minha mãe e para minha outra tia, para meu irmão. Não quis tornar esse episódio público sem saber se e como ele tinha afetado meu mundo.

Vamos ao resgate.

Nunca tive coragem de contar para ninguém. Até hoje. Na verdade, até a *hashtag* #primeiroassedio, criada pela ONG Think Olga, tomar conta do Twitter e do Facebook, em 2015 (muito obrigada por todo seu trabalho, Ju Faria). Ler histórias horríveis me embrulhou o estômago, me fez chorar, me deu vontade de abraçar cada mulher que já sofreu violência.

Então, um dia, acordei e me lembrei de tudo. Absolutamente tudo. Parecia um filme. Me lembrei do clima do dia, das cores, do parquinho, da casa meio modernista. Estava visitando a minha antiga escolinha, provavelmente acompanhando quem iria para pegar algum documento que a nova tinha pedido. Um cara que trabalhava como porteiro me perguntou em um tom de aventura, como se me oferecesse um doce, se eu queria conhecer o andar de cima.

Animada, fui. Estava com minha roupa de balé: um collant, uma saia e uma meia-calça, tudo rosa. Ele me levou até o banheiro, cujos azulejos também eram cor-de-rosa e ainda tinha uma banheira da mesma cor. Depois, me fez subir num banquinho colocado em frente à pia. Pediu para eu olhar para o espelho. Foi até meu ombro e baixou um lado do collant. Eu não entendi nada. Logo depois, ele começou a encostar em mim e a roçar o pênis na minha bunda.

Não sei quanto tempo durou, nem se aconteceu mais alguma coisa. Ficou tudo preto.

Corta para outra cena. Eu sentada no chão do meu quarto, no primeiro apartamento em que morávamos. Querendo contar para minha tia, sem conseguir. Eu engasgava, tinha medo, achava que podia ter feito alguma coisa errada. Eu me lembro dela sentada comigo, era um dia de sol, a gente estava grudada na porta de madeira, daquelas antigas que tinham frestas na parte de baixo. Pedi para fechar, evitando que alguém ouvisse. Ela falava para eu confiar nela. Eu já não conseguia. Só depois que ela prometeu que não contaria para ninguém da família que eu contei.

Não me lembro da reação dela. Nunca soube se ela quebrou a promessa — faz anos que ela morreu, e senti até alívio por essa história ter sido enterrada com ela. Mas, pela mulher que ela era, alguma coisa deve ter acontecido. Talvez ela tenha feito o cara ser demitido... Nunca saberei.

Da segunda vez que aconteceu, foi na rua de casa (escola, casa, lugares de paz, serenidade, porto seguro, que tristeza...). Por lá, rondava um homem em situação de rua. A presença dele sempre me incomodava, e eu não sabia o motivo. Até o dia em que ele me deu um. Eu estava indo a pé para o shopping que ficava na esquina e ele falou algo obsceno para mim. Não lembro as palavras, mas não esqueço a sensação: comecei a tremer, senti um constrangimento que eu nem sabia nomear, fiquei com medo, meu coração demorou para voltar ao ritmo normal.

Por anos, tive que ver esse cara — e sentir medo dele, apressar o passo, trocar de calçada. Quando alguém contou que ele tinha morrido, mais uma vez senti alívio. Eu não ia mais passar por nada parecido. Mal sabia eu que não nos livramos do estrago.

Nunca contei essas histórias publicamente. Nem nas sessões de análise ou terapia, que já fiz algumas vezes. Lembro que, adolescente, duas amigas contaram que haviam sofrido algum tipo de abuso, e falei que também tinha passado por algo parecido. Adulta, outra vez, quando ouvi um relato de abuso praticado pelo avô da pessoa, falei que entendia um pouco, que sabia como era.

Não basta passar por um trauma; aprendemos a escondê-lo, a minimizá-lo. Sentimos tanta vergonha que é melhor deixar quieto. Somos vítimas mais de uma vez. E, ao escrever estas linhas, comecei a chorar — acho que nunca tinha chorado pelo fato de dois homens terem destruído um pouco da minha infância, da minha inocência, acabando com a minha confiança de um jeito que só hoje começo a entender.

Escrevam, mulheres. Contem sobre seus assédios e abusos para as amigas — nem as minhas amigas mais próximas sabiam, vão saber por este texto, que surreal. Fiquem de olho nas crianças. Filhas e filhos, sobrinhas e sobrinhos, colegas da escola, todas. Eles podem estar passando pelo que nós passamos. Não podemos ter medo de perguntar e "estragar" a infância deles. Vamos mostrar a eles que a realidade pode ser cruel, mas que estamos juntos. Chega de medo de denunciar, de vergonha de se expor. Chega de silêncio, mais uma vez.

Quando precisei lembrar a garota de 13 anos que já fui

Fui ao lançamento do livro de uma amiga muito talentosa. Fiquei tentando me visualizar ali, numa mesa para debater a própria obra, com uma plateia atenta querendo sorver informação de bastidores para, na hora da leitura, já chegar com algum repertório. Depois, uma fila se formando para os autógrafos. E ela feliz, quase como numa festa de aniversário, dando aquela atenção dividida a cada um que tinha ido prestigiar seu trabalho.

Será que um dia vou ocupar esse lugar? De uma escritora lançando um livro?

Um dia, em 2016, ocupei. Mas como curadora. De um livro que inventei a partir de um projeto que fiz por alguns anos: *Amores anônimos*, com fotos de casais pelo meio da rua, feitas por outros anônimos e abastecidas via uma hashtag no Instagram. O evento de lançamento foi um sucesso; se lembro bem, vendemos perto de quatrocentos exemplares, o que é um feito gigante.

Mas sabe o que aconteceu no meio do caminho? Achei que saberia cuidar de toda a cadeia de distribuição de um livro, mas não só não sabia como não soube pedir ajuda. Resultado: até hoje tenho caixas com aquele livro. E talvez entenda isso como um fracasso. O que só mostra quanto posso ser dura comigo mesma. De uma tiragem de mil exemplares, que não gastei um real para fazer (porque troquei a impressão pelo meu serviço como jornalista, escrevendo um livro institucional para a gráfica), vendemos em torno de setecentos. Um sucesso que qualquer pessoa do mercado editorial atestaria.

Na minha cabeça, livro bom é livro esgotado. Eu esperava que a comunidade de mais de 50 mil pessoas comprasse. No entanto, devo ter divulgado cinco vezes na vida a existência dele. Errei, e até hoje esse ainda é um assunto que deixo para lá, mas que, inclusive, me afeta na escrita deste livro.

Uma vez, conversando com uma editora, falei que até toparia escrever um livro, mas só se a tiragem fosse pequena. É como se eu precisasse experimentar a "escassez" para ver se há demanda. Caminhos tortuosos que minha mente traça.

Uma noite, antes de dormir, pensei que preciso ter coragem para continuar escrevendo este livro até o momento em que ele esteja pronto. Preciso fazer isso por mim. E também pela menina de 13 anos que fui. (Nas próximas páginas transcrevo um texto que escrevi nessa idade. Onde foi parar aquela garota cheia de si e cheia de certeza?)

Quando estamos prontas?

Não há mais tempo a perder.

A gente pode morrer de repente, como aconteceu com meu irmão. E o que a gente deixou de concreto por aqui? Eu sei, relações de amor e afeto, o que mais vale na vida. Mas, para quem tem esse desejo de colocar a criatividade num formato, há uma urgência da concretude. E eu tenho. Há muito tempo.

Este livro precisa existir para mostrar a mim mesma que eu consigo. E também para que mais gente o encontre e, quem sabe, investigue a própria falta de coragem para entender que precisamos pegar o fiapinho que temos dela e seguir em frente.

Repito: não há tempo a perder. Tudo o que a gente tem é o agora. E o que a gente tá fazendo dos nossos dias?

A gente pode ocupar a livraria — e quaisquer outros lugares também. A gente merece sonhar com as cenas que deseja para o roteiro do filme da própria vida. Um dia, e não vai demorar muito, vou estar numa livraria conversando sobre este livro, que vai ajudar mulheres a não se perderem tanto de si. Eu quero que este livro seja uma bússola para os seus desejos mais genuínos, aqueles que você mal consegue contar para os outros por medo de parecer pretensiosa. Você vai conseguir, assim como eu vou. E isso vai ser só o começo.

Visualize a cena em que você realiza seu maior desejo. O meu é escrever um livro, publicá-lo, ser lida por muita gente. Convido você a fazer o exercício de tentar ver todas essas cenas, observando como você se sente.

P.S.: Assim que fechei o arquivo deste capítulo abri meu e-mail. E me deparei com esta mensagem:

Pedido 16958 | Amores anônimos
De: Comercial Livraria Megafauna
Para: Mim

Bom dia!

Segue pedido de reposição para a Livraria Megafauna.

Aguardamos entrega.

Um texto escrito pela menina de 13 anos que fui

A poesia é o spa da linguagem. A linguagem vai para o spa da poesia e volta mais enxuta, mais sadia. Os poetas são os enfermeiros, os nutricionistas, os preparadores, os doutores da palavra.

É que a linguagem, no dia a dia, não se cuida. Não se trata bem. Só pensa em trabalho: a prosa nossa de cada dia. A prosa, a toda hora, todo dia, estressa. A pobre linguagem se esquece de si própria. Acaba se anulando. Todos prestam atenção no sentido, no que é dito. Mas ninguém dá bola para a linguagem na forma como está sendo dita.

Resultado: a beleza da linguagem fica cansada e precisa se retirar. Precisa de um tempo. Precisa pensar em si. É nesse momento que a linguagem vai para o spa, é nessa hora que ela procura a poesia. Que maravilha. São dias de revitalização.

Algumas vezes, a linguagem se retira para a clínica Carlos Drummond de Andrade. Em outras, se isola na Chácara Mário Quintana. Tem vezes que foge para o Sítio Vinicius de Moraes. E, quando não tem muito tempo livre, dá um pulinho rápido na Academia Manuel Bandeira. E a linguagem volta outra. Cheia de vida. Nova em folha.

Moral da história: "Quem não lê poesia fica com a língua fora de forma."

(Achei esse texto impresso numa pasta com outros textos meus, de quando eu tinha 12, 13 anos. Até hoje acho que copiei de algum lugar. Mas ainda não achei de onde.)

FALA QUE EU NÃO TE ESCUTO, IMPOSTORA!

A importância da coragem para começar

"**A**prendi a chamar a impostora pra bater um papo toda vez que ela se apresenta, em vez de ignorá-la", me disse Rita Monte, educadora somática para mulheres e fundadora da Escola de Mulheres Criadoras. "Desde que comecei a ouvir esse termo — ainda bem que estamos nomeando esses fenômenos, para essas coisas que não deviam ser normalizadas —, comecei a entender melhor que breque é esse que aparece toda vez que estou na iminência de dar um passo que me estica, um passo a mais, algo que vai me trazer pro mundo de um novo jeito."

Ela lembra que "gestou" seu livro por sete anos. "Fico me perguntando: será que levei esse tempo inteiro negociando comigo mesma? Se não tivesse nascido mulher, me identificado como mulher, esse tempo de gestação com o livro teria diminuído? Você não pode escrever sobre mulheres porque não é uma especialista em mulheres. Que autoridade é essa necessária pra falar o que a gente precisa dizer?"

Em seu trabalho, Rita atende mulheres que estão nessa busca constante por mais autoconhecimento. O que mais se repete na fala delas?

"[Elas falam] tenho medo de começar e não dar certo. É um não vai dar certo de saída. Às vezes é só uma ideia. É uma desacreditação tão grande, tão padrão. Quando uma mulher tem uma ideia e a compartilha, já é um grande passo para desinstalar a impostora."

Durante as sessões, ela vai criando um ambiente que destaca princípios tão presentes em muitas de nós: "'Você é visionária. Tem uma inteligência dentro de você, emocional, intuitiva, uma sensibilidade maior.' Tudo isso traz novas perspectivas sobre o fenômeno. Não preciso, desde logo, quando tenho uma ideia, ter logo ela formatada. A primeira coisa [que elas dizem] é *nem acredito que vai dar certo, então nem vou começar*. A segunda é *para começar eu preciso escrever tudo: começo, meio e fim. Preciso controlar todas as variáveis, saber se vai dar certo economicamente*. Isso é um tipo de padrão de pensamento de como as coisas devem ser feitas e empreendidas. O que estou dizendo é: *você não precisa saber tudo pra começar*. Inclusive, é parte do processo criativo começar com um fogo, uma intuição, algo que não tem corpo. Não vai dar pra ver o que é agora, no momento de nascimento da ideia. Assim, as mulheres começam a se sentir mais confortáveis para trazer sua voz pro mundo. Não precisam saber de tudo de antemão, a falha é necessária, errar faz parte do processo e isso não desautoriza a voz delas."

Quando a gente ouve essa sabedoria vindo de alguém, parece tão mais fácil, tão possível. Por que quando é com a gente parece que o discurso não "cola"? Por que a gente se cobra tanto? Por que a gente quer que tudo esteja perfeitamente encaixado para dar os grandes passos? Por que somos tão boas em incentivar nossas amigas e seus talentos, mas tão inseguras em nos colocar no jogo? "Você não precisa saber tudo para começar", nos diz Rita. Você não precisa ter as respostas, tampouco saber o caminho. Temos medo de nos queimar com esse fogo que nos chama, parece. Mas a gente sabe o poder que existe em olhar diretamente para ele e ver o que se acende em nós. Tem mergulho que a gente só dá quando perde o medo da profundidade. Que a gente faça as pazes com o processo e aprenda a se encantar por tudo o que ele pode nos mostrar.

ESCRITA COMO MUSCULATURA QUE A GENTE TREINA TODO DIA

Muitas justificativas antes de começar

Eu passo mais tempo querendo escrever do que efetivamente escrevendo. Talvez porque escrever me dê medo, ver essa folha em branco querendo ser preenchida... Será que tenho algo interessante a dizer? Será que alguém vai ler?

Tenho meu lugar de fuga preferido. Ele fica na minha mente, e é para lá que eu vou. Envolve casa nas montanhas tipo Pinterest, sem wi-fi, em silêncio absoluto, onde vou escrever por oito horas seguidas, como se escrita fosse expediente diário. Até pode ser, mas escrever ininterruptamente por oito horas só em filme, e aí não vale porque fica fácil ver a passagem do tempo: "E ela passava o dia todinho escrevendo."

Escrever é algo que vem de dentro. E, quando você não dorme direito, fica difícil engrenar as ideias desse "dentro".

Ainda assim, hoje é sábado, e estou sozinha em casa pela primeira vez desde que Laura, Martin e eu nos mudamos. Já estou com saudade da minha mulher e do meu filho, o que me faz pensar que mãe é mesmo uma loucura. Quer tanto um sábado todo seu, mas, quando a casa fica vazia, sente falta de quem a ocupa.

Ainda assim, eu escrevo. E escrever sem ouvir voz ou choro de criança é algo que não faço há mais de um ano. Hoje comecei um novo arquivo. É sobre ter coragem. Que talvez seja o que eu mais precise para, depois de me autorizar escritora, dar concretude ao que penso e sinto sobre tanta coisa.

Se é tão difícil, então você escreve para quê?

Se você sofre para escrever, então para que escreve? Não é para ser sofrido, difícil, algo que te perturba... Ouvi a escritora Isabel Allende falando sobre isso em uma conversa com a Julia Louis-Dreyfus no podcast *Wiser Than Me*. E, desde então, tenho pensado no quanto escrever, para mim, é um processo que traz muito mais do que só alegria — haja angústia também. Porque escrever é se mostrar, é escolher compartilhar tanto com quem a gente mal sabe quem. Que povo meio doido que faz isso, né?

A frase exata dela é muito boa: "Sou muito disciplinada. Mas porque fui treinada para isso desde pequena e para trabalhar de verdade. E também porque adoro. Adoro a pesquisa, adoro poder ficar 12 horas sentada na frente de um computador, criando uma história, e, quando me levanto, não consigo nem me mexer. Mas não sinto o tempo passando, porque estou muito engajada. Tão envolvida, tão entretida, tão feliz. Então, quando ouço aqueles escritores que dizem que o tormento de escrever é a tortura da fase do branco, [penso] então não faça isso. Por que está fazendo isso?"[9]

Isabel, a gente faz porque não tem outra opção além de seguir aquela voz na nossa cabeça que diz: "Mulher, coragem, vai, se coloca no mundo, faz o que tu tem que fazer e, mais ainda, o que tu mais quer fazer." Mas vou te dizer que não é fácil, viu?

Tento entender de onde vem essa trava toda que coloco no processo. Penso que a internet comeu meu cérebro e me acostumou à gratificação instantânea que recebo ao postar um texto na rede social. Escrevo, edito, posto, as pessoas leem, comentam. Se foi um texto qualquer nota, sempre temos o próximo a ser escrito. Se foi um sucesso, uau, aquela enxurrada de dopamina que dá uma animada no dia, mas não se sustenta a longo prazo.

Daí, quando penso no suporte livro, ai. É algo que fica. É um registro. Pode "sair do meu controle". Mas quando mesmo a gente achou que tinha algum?

Penso que escrevo como quem tira uma fotografia. Essa frase me veio com uma força, como um guia. Tenho pensado muito nela desde então. O que é uma fotografia? Um registro daquele momento a partir do olhar único que cada um tem. Duas pessoas num mesmo lugar fotografam a mesma coisa de maneiras diferentes.

Com a escrita é a mesma coisa. Duas pessoas recebem um tema sobre o qual dissertar. Cada uma vai escrever a partir de suas referências, suas histórias de vida, a partir do que querem dividir naquele momento. Para que colocar no texto um peso de eternidade? Tudo que a gente escreve é um recorte. Do tempo, das emoções, do que estamos vivendo. Que pretensão é essa de achar que o que quer que a gente faça tem um quê de definitivo? Quanta pressão a gente coloca em nós mesmas? E o quanto isso nos leva a uma autossabotagem constante?

Olho para essas páginas cheias de caracteres e tento enxergá-las como a fotografia de quem eu fui nos últimos anos. Com um nó de que, nos últimos três, mudei tanto que, muitas vezes, fica difícil me reconhecer. Se por um lado tenho tão mais coragem do que jamais tive, por que ainda me vejo diminuída por mim mesma, a ponto de achar que nada aqui vai interessar a mais do que meia dúzia de leitores?

Penso em como a gente pode passar uma vida inteira nos repetindo numa mesma personagem. A impostora, a que se joga, mas não passa do rasinho, a que acha que não tem o que dizer.

Eu sei que não estou só. Porque vejo como as pessoas ao meu redor estão tentando ser do tamanho que elas sabem que podem ser, mas ainda se assustam ao vislumbrar uns fragmentos dessa potência.

Ainda assim, aqui estou, lutando por um teto todo meu por pelo menos dois dias, para ver se o silêncio me permite ouvir o que quero dizer. Inevitável pensar na maternidade, que tanto nos dá, mas no quanto acaba tirando também. O tempo de ter tempo. A solidão.

É difícil bater ponto para a escrita. Por mais que eu faça isso, quando venho escrever aqui, quero que seja algo além do que escrevo no dia a dia. Para escrever, a gente precisa de espaço para existir. Para uma mãe existir um pouco sozinha tem que fazer muito malabarismo – e lidar com uma carga mental de deixar tudo organizado durante essa ausência. Mães que escrevem. Mães que publicam. Quero trocar ideias e impressões com elas, com vocês, porque isso de a gente querer ser mais do que a gente faz é, exatamente, o que nos leva além (e nos deixa exaustas também, mas bora deixar essa conversa para outro momento?).

De tanto querer, a gente também se frustra no caminho. Às vezes penso: por que não desistir? Daí lembro de uma conversa recente com um astrólogo maravilhoso com quem me consulto. Quando falei da minha dificuldade, ele logo disse: "Você é profunda e rigorosa. Você leva a escrita muito a sério. Mais do que uma insegurança crítica e técnica, você tem uma insegurança de expor o conteúdo. Vou ter que advertir: você estará exposta, sim." Aqueles minutos que valem por muitas sessões de terapia, né?

E continuou: "Se isso não é dom, eu não sei o que é. O dom é algo extremamente sagrado. Quem mandou ter o dom da palavra? Agora você não tem mais o direito de guardar só para si. Mesmo insegura, a proximidade vem. Ou você faz isso, ou eu passo a bola para o psiquiatra."

Aí eu passo a bola pra você também. Há quanto tempo você se adia? Como é que você trata o seu dom? O que você ainda está esperando?

Volto ao começo deste texto: se é tão difícil, então você escreve para quê? Porque é o que eu sei fazer desde que entendi o quanto a escrita nos ajuda a nos entender, a ler o mundo, a compreender mais uns sobre os outros. Porque parece que vim com o dom da palavra. Porque eu sei que, quando parte do meu coração e encontra outros, parece que a vida ganha mais sentido.

Como a gente caminha junto com as nossas inseguranças?

Como a gente se permite ser quem a gente é, como um registro do momento que estamos vivendo?

O que você mais gostaria de fazer é exatamente o que mais você adia?

Se, por um acidente, não pudéssemos mais fazer o que fazemos, como nos sentiríamos por não ter completado a tarefa?

Escrever não deveria ser tão terapêutico assim, mas o que posso fazer se as palavras parecem camadas de uma cebola existencial? Uma linha puxa a outra, e a escrita mostra o momento, mas contém todo o resto da vida também. Ninguém disse que ia ser fácil escrever um livro (só a Isabel Allende, pelo visto), mas foram muitos os que falaram que ninguém sai do mesmo jeito de uma aventura assim. "Você já está pronta. Termine o que começou — e termine logo, porque a conjunção astrológica diz que isso é o que tem que ser feito." Foi para mim, mas eu tenho certeza de que vale para você também, quer você acredite nos astros ou não.

Que a gente se permita — e compareça dia após dia a qualquer que seja o compromisso de vida que veio de fábrica com a gente.

O que você mais amava fazer na infância é uma pista do que você deveria fazer agora

Esbarrei num desses vídeos curtos de Instagram que vêm com uma mensagem simples, mas que têm a capacidade de ficar reverberando por um tempo. O conteúdo dizia algo como: aquilo que você mais gostava de fazer na infância é uma pista para entender seu propósito hoje. E eu lembrei que passava horas inventando histórias na minha cabeça — e que, mais velha um pouco, adorava escrever essas histórias nos meus cadernos.

Ainda bem pequena, abria as revistas de arquitetura e decoração do meu irmão e começava a povoar aquelas casas de cinema com meus personagens. A certa altura, criei uma família inteira, na qual eu projetava tudo o que desejava — e o que não tinha também. Muito menos as coisas materiais, e, sim, a família comercial de margarina (aliás, podíamos mudar ao menos para comercial de manteiga, né?), uma harmonia que só se vê na tela mesmo. Ora eu era a mãe, ora eu era a filha. Ficava experimentando várias cenas. Essa fase durou muito tempo. Eu anotava no caderno nomes, gostos, desejos. Um dia, na terapia, me veio uma dúvida: eu estava criando histórias, ou estava dissociando um pouco também, quase tentando viver uma vida paralela? Não sei a resposta, mas fico com a parte bonita da história, de ver que o encanto pela palavra já estava ali.

Da pré-adolescência tenho o registro que já coloquei aqui. Textos e mais textos, que, além de me darem a sensação de que eu me divertia escrevendo cada um, eram elogiados pelos professores da escola.

Quais são as pistas que a sua infância dá a você sobre o que faz hoje?
Quando você pensa na sua infância, o que mais gostava de fazer?
O que dessa época ainda está em você?

As minhas sempre estiveram aqui. O que me faz pensar que a gente já é quem a gente é desde muito cedo. O que acontece é que a gente vai lapidando essa persona, ao mesmo tempo em que pode duvidar se algo que a gente faz de forma tão natural é realmente o que a gente veio fazer no mundo.

Aquela menina que inventava vidas a partir das páginas ia gostar de saber que hoje eu escrevo tanto e que minha escrita chega a lugares que eu nunca tinha imaginado.

Como faço para honrar essa menina? Como a gente faz para deixar de besteira e seguir se divertindo com o que a gente faz há tanto tempo? Como a gente faz, aliás, para ter mais das meninas que fomos? Para que tudo seja menos tensão e muito mais diversão? A gente ainda consegue brincar?

Escreva uma carta para você criança. O que tem de você ainda hoje que é herança da criança que você já foi? O que você diria sobre sua trajetória até aqui?

_____
_____
_____
_____
_____

Passando a gente a limpo no papel

Um amigo está passando por uma transição de gênero. É tão bonito ver alguém que a gente conhece há mais de vinte anos em busca do seu lugar no mundo. Observando as mudanças no corpo, a linguagem que também vai se transformando. Na nossa relação de amizade, a gente só se atualiza de verdade ao vivo. Não tem Zap certo, a gente precisa do encontro, do tempo juntos. E, assim, quase um ano depois de termos nos visto pela última vez, estávamos almoçando num self-service e falando sem parar.

Quis saber como ele estava se sentindo. A conversa passou pelo corpo, pelos hormônios, pelo relacionamento dele com a namorada. E chegou no ponto difícil, quando ele me falou que tem muito medo de "perder" a família assim que contar que agora é ele, e não mais ela.

Quando eu saí do armário, ou melhor, quando fui arrancada dele, ouvi de pessoas da família: "Eu tenho muito medo de que você sofra preconceito." Elas não enxergavam o acolhimento que podiam me dar naquele momento. Hoje em dia tá tudo tão bem que parece que nunca houve um problema. Mas é aquela frase clichê: quem bate pode até esquecer, mas quem apanha jamais esquece. Não sofri violência física, mas ouvi coisas que meu cérebro até tentou deletar. O que uma carta achada muitos anos depois, porém, fez questão de lembrar, mas essa é uma outra história...

Enquanto a gente conversava, meu amigo falava que para a mãe e o pai dele seria um choque vê-lo como homem. "E tudo que a gente tem, no fim, é a família, né? Se eu sofresse um acidente e precisasse de cuidados, quem estaria ao meu lado? Os amigos podiam aparecer, mas seria a família que ficaria", ele me disse. A mente da gente cria cenários catastróficos quase que para medir a intensidade do amor que nos é destinado. Mas adianta? A gente não tem outra opção a não ser lidar com o que a realidade nos apresenta. E, agora, esse pai e essa mãe ainda não têm nem chance de saber que o filho está passando por transformações profundas. O medo distancia demais a gente.

Foi aí que eu disse para ele: "Escreve. Escreve uma carta pra tua mãe contando sobre quem tu é agora." Ele tinha pensado em postar uma foto no Instagram e esperar as reações, o que acho legítimo, mas, sendo mãe, pensei: imagina saber da vida do meu filho assim, pela rede social? Que distância tão grande... Que tristeza a gente se perder assim. Às vezes é inevitável mesmo, não tem o que fazer. Mas enquanto existe possibilidade, por que não tentar?

"Imagina contar para a sua mãe como você tem se sentido, como parece que tudo tem se encaixado mais? E contar da tua vida de agora. O que tu gosta de fazer? Como é teu relacionamento? O que mais gosta de aproveitar na cidade onde mora? E ela na cidade de sempre, como anda? Que programas tem feito? Com quem tem se encontrado?"

A gente pode se distanciar tanto das pessoas. Até de quem nos deu a vida e nos criou. Talvez por ser mãe de um bebê isso fique muito forte para mim. É tanta dedicação, tanto cuidado... Só de imaginar um futuro daqui vinte, trinta anos no qual eu seja uma estranha para o meu filho já sinto uma tristeza. Sei que sou uma estranha para minha mãe, e ela para mim, em tantos aspectos... A gente sempre volta para a infância, talvez nunca saia dela. Mas eu insisto. Ainda acho que dá para fazer diferente. E acabo gostando de dar conselhos não solicitados para quem faz parte da minha rede de afeto.

Lembrei de uma frase da Sil Bahia, mulher que admiro, sobre a relação com a mãe: "Uma vez ela me disse que 'toda vez que nos encontramos temos uma nova chance de nos reconquistar'. É verdade. E também de nos curar." Imagina se a gente olhasse para nossa família com a generosidade com que trata as pessoas que mais ama hoje?

Repeti para o meu amigo: "Escreve. Se coloca por escrito, que acaba sendo uma forma de proteção contra alguma violência que apareça. Tenta se conectar. Se ela soubesse o cara massa que tu se tornou, duvido que não quisesse chegar mais perto. E, se não quiser, ao menos você tem uma resposta. E vai partir para construir ou reforçar a tua rede de apoio e proteção para além da família."

Lembrei dessa história porque não foi a primeira vez que aconselhei alguém a escrever para elaborar o que sente, a buscar clareza na comunicação. Acredito que pela palavra a gente consegue transformar tudo. Ou, no mínimo, mostrar melhor quem é, o que sente, como se entende a partir do que se passa na nossa vida agora. A vida passada a limpo num caderno, num documento no computador, numa carta, numa mensagem de WhatsApp.

O mais bonito foi saber que ele começou a escrever. Ainda na cabeça, assentando o tumulto do coração. Enquanto a gente estiver disposto a se colocar, a se mostrar, a contar da gente, nessa tentativa frutífera de se comunicar com o outro, buscando conexão, ainda vale a pena. Quando a gente se coloca no papel, se entende mais. E ainda dá chance ao outro de nos ver com mais profundidade.

O que tá pulsando aí que precisa do tempo do papel e da caneta? Para quem você quer ou precisa escrever para dar conta de tudo que está sentindo?

_____

_____

_____

_____

E eu não sou uma escritora?

Se escrever é o que me define, o que me ampara, me organiza e me traduz. Se escrever é meu trabalho e também o que me sustenta na amplidão dessa palavra. Se escrever é o que faço desde que me entendo por gente. Se meus textos chegam em outras pessoas e criam uma conexão que me espanta. Se há anos ocupo essa internet escrevendo. E eu não sou uma escritora?

Talvez o nó esteja aí. Sou uma "escritora de Instagram"? Em um mundo de feiras, prêmios e mídia, ser uma escritora é ocupar quais espaços? Quem diz quem pode ser escritora? A gente mesma se autoriza? Ou só adia o desejo? Talvez a gente pudesse simplificar: você é lida? Então é uma escritora. Ou simplesmente: você escreve e se considera uma? Entra para a turma. E aí não importa se é no livro, na rede social, no zine, em um arquivo ainda trancado só para você.

Em 2022, levei minha impostora para uma foto histórica de mulheres escritoras que aconteceu em São Paulo (e no Recife, no Rio, em Roraima, em Porto Alegre, em Londres e outras cidades). Quase não fui. Afinal, eu escrevia, mas não era uma escritora. Tinha textos publicados em coletâneas, mas ainda não tinha um livro (e que libertação conseguir escrever o ainda, porque por muito tempo esse desejo nem era dito em voz alta). Com quantos "mas" se faz um texto, aliás? Andrea del Fuego, escritora/professora/mentora, me pegou pela mão e me emprestou coragem. Eu fui, mas não deixei de fazer a "piada" de que a impostora estava naquela festa de penetra.

A gente não se dá permissão para sair em uma foto. A gente duvida de si porque o mundo não é desenhado para nós. Por isso que uma imagem importa tanto. Porque ela conta que são centenas, milhares de mulheres escrevendo e publicando e criando público e debatendo e querendo ganhar o mundo. A gente precisa ir com medo mesmo. Para se ver, se reconhecer, vibrar junto, se fortalecer, criar imaginários.

Que nunca mais anônimo seja uma mulher. E que a potência dessas mulheres de uma foto histórica nos encha de determinação. Como disse a escritora Giovana Madalosso, uma das idealizadoras do encontro "Um grande dia para as escritoras": "A gente não quer só um teto todo nosso, a gente quer ocupar escadarias inteiras." E eu acrescento: e quaisquer outros lugares também.

> Pois acredito que se vivermos por mais um século — estou falando da vida comum que é a vida real, não das vidinhas isoladas que levamos como indivíduos — e tivermos quinhentas libras por ano e um espaço próprio [um teto todo seu]; se cultivarmos o hábito da liberdade e a coragem de escrever exatamente o que pensamos; se fugirmos um pouco das salas de visitas e enxergarmos o ser humano não apenas em relação aos outros, mas em relação à realidade, ao céu, às árvores ou a qualquer coisa que possa existir em si mesma; se olharmos para além do fantasma de Milton, porque nenhum ser humano deveria bloquear nossa visão; se encararmos o fato, porque é um fato, de que não há em quem se apoiar, e de que seguimos sozinhas e nossa relação é com o mundo da realidade e não só com o mundo de homens e mulheres, então a oportunidade surgirá, e a poeta morta que era irmã de Shakespeare encarnará no corpo que tantas vezes ela sacrificou.[10]
>
> Virginia Woolf

No que você precisa insistir diariamente para não desistir? No que você precisa se autorizar?

_____
_____
_____
_____
_____

Escrever é desconforto

Abro o computador e começo a escrever. Bebo litros de água, faço xixi várias vezes. Coloco música sem letra. Depois música que canto junto. Abro outra aba, fico vendo foto de Carnaval. Boto o celular em modo avião. Me concentro de novo. Escrevo mais um pouco. Olho o WhatsApp. Meu filho tá no bloquinho, que é "inho" só porque é de criança. Parece que a cadeira tem espinho. Já penso no que preciso resolver mais tarde. Coloco 15 minutos no timer para ter um *sprint* de concentração. Dá certo. Me levanto de novo. Vou tomar um banho. Arrumar a bagunça. Quem acha que escrever é fácil-e--fluido-claro-que-tudo-aparece-na-tela-como-quero ainda tá pra nascer, não acham? Escrever é desconforto. E parece que importa o que a gente faz com ele — e também como o atravessa. Vale para a escrita, vale para a vida.

Escreva para sua impostora. Escreva tudo o que ela diz. Deixe que os censores internos, o crítico mordaz, digam tudo o que pensam. Dedique o mesmo espaço para sua defensora interna se expressar. O que ela tem a dizer?

_____
_____
_____
_____
_____

Escrever se escreve escrevendo

Escreva. Coloque sua voz no mundo — e na internet. Divida com mais gente o que só você tem a dizer. Há alguns anos, em um começo de ano, escrevi um texto que dizia isso. Era endereçado a duas pessoas brilhantes que conheço e que ainda não se encantaram pelo fluxo de dividir com mais gente o que sabem.

Digo "escreva" para que eu mesma escreva mais. Fazer isso sempre me levou a novos lugares.

Ainda assim, insisto em colocar a escrita em um pedestal. Sonho com o dia em que vou para as montanhas, sem wi-fi, e daí vou escrever como nunca. Já entendi que não preciso disso, mas como a cabeça da gente insiste em refúgios, né?

A real é que escrever se escreve escrevendo. No caderno, no bloco de notas do celular, no banho (impressionante como frases inteiras se formam quando estou lá e eu quase preciso correr para anotar e não perdê-las). Sentando e começando. Escolhendo um entre as dezenas de cadernos e preenchendo as folhas.

Não tem atalho, nem desculpa. Quem quer escrever, escreve. Quem tem medo se refugia nas montanhas.

Escrevo o tempo todo, mas ainda acho que vai ter uma hora em que vou escrever tudo que tenho para dizer.

E você? Tem conseguido fazer isso?

Escreva uma página por dia durante 21 dias

Mais uma página começando, e eu quero te fazer um convite: escreva uma página por dia durante 21 dias, incluindo sábado e domingo, sobre qualquer tema, de preferência aquele que estiver rondando mais teus pensamentos. Observe o que surge desse encontro.

Fiz isso porque queria aumentar meu fôlego e entender se eu conseguia preencher com mais fluidez uma página inteira. Quase como quem exercita um músculo, sabe?

Comecei escrevendo sobre o luto. Gostei tanto que comecei a escrever sobre maternidade. Depois, ainda inventei mais dois temas. Quando vi, estava escrevendo quatro páginas por dia durante 21 dias, porque sou dada a exageros.

A resistência foi aumentando de um jeito que quase senti aquilo que quem ama exercício enaltece: a recompensa no corpo. Um prazer mesmo. Um dia escrevi às onze da noite, que foi quando deu, mas não deixei de escrever. Quando tive reação de uma vacina recém-tomada, compensei escrevendo mais no dia seguinte. Teve dia em que me deu preguiça, mas segui mesmo assim. Fiquei tão satisfeita com a jornada que resolvi dividir.

Fazer isso me ensinou algumas coisas:

- Escrever me organiza e também me define.
- Tenho mais disciplina do que imaginava.

- A tela em branco é um convite sempre. Mesmo quando você acha que não tem o que escrever, se só continuar, algo sai do papel — e muitas vezes surpreende você.
- A resposta para quase tudo eu encontro quando olho para dentro e coloco em palavras para fora.
- Escrever não significa necessariamente postar ou publicar, tem coisa que é só pra gente (e que bom!).
- Ter um tempo para mim me faz alguém melhor para qualquer relação.
- Escrever sobre esses temas todos foi quase como uma terapia em paralelo. Sinto que avancei umas casinhas de entendimento, ou ao menos me entendi e me acolhi mais.
- Existe um prazer danado de ver muitas páginas sendo preenchidas.
- Estou pronta para fazer dessa jornada um hábito da vida.

Que mergulho bom. Você já fez algo assim? Anima de fazer?

Por uma semana, pratique as páginas matinais de Julia Cameron. Essa prática é ensinada pela autora no livro *O caminho do artista*. A prática consiste em pegar um papel e uma caneta/um lápis e escrever tudo o que vier à sua cabeça, em fluxo de consciência, até completar três páginas. É quase um descarrego mental, uma drenagem intelectual, uma higiene cerebral para começar o dia. Não se censure, só siga o fluxo.

_____

_____

_____

_____

O que você vai fazer pela sua escrita hoje?

"Aos 70 anos me assumi como alguém que escreve."
"Me sinto uma formiguinha pequenininha escrevendo."
"Levei cinco anos para abrir um envelope com meus textos comentados."
"Não tenho tempo. Preciso cuidar da minha carreira."
"Por dois anos não consegui escrever depois que uma colega falou que meus textos eram 'viajados'."
"Não sou criativa, não tenho imaginação."
"Sou perfeccionista, exigente demais."

A convite da querida escritora Ana Holanda, conversei com as mulheres de sua comunidade de escrita sobre o fenômeno da impostora, com o recorte de como ele afeta quem escreve. As frases acima foram algumas das que ouvi.

Sempre que falo sobre esse tema sinto um pouco de tristeza misturada com raiva. Não é possível que mulheres dos 18 aos 70 anos se sintam tão pouco autorizadas a ocupar quaisquer espaços.

A gente escreve, mas escritora? Nãooo, não é pra gente. A gente é um eterno projeto de "quase lá", de "no futuro vamos conseguir". Eu, mesmo estudando tanto o assunto, não escapo da armadilha. Adio, deixo para depois, me saboto. Até quando?

Não dá. A gente precisa conseguir. Fiquei pensando em algumas coisas:

- O que você diz para si mesma molda sua realidade também: com que palavras você tem tratado sua escrita?
- Atenção com quem você divide seus textos: até uma pessoa muito legal pode acabar sendo um grande censor.
- A internet sempre vai ser uma distração: como você cria espaços para a sua escrita além dela?
- E, para fechar, o que você vai fazer pela sua escrita hoje? Não no futuro, e também sem lamentar pelo que não fez no passado, mas como você vai honrar esse desejo como ele merece?

Quando falo disso, me reconecto comigo, esse exercício que precisa de tanta constância. Que eu, que elas, que você, que todas nós tenhamos coragem para abraçar nossa autenticidade e nosso desejo de compartilhar palavras com o mundo.

Escreva para Ruth e Raquel. Brincadeira *millennial* à parte, crie uma conversa entre as diferentes personas que habitam em você. O que diz sua ansiedade? E sua confiança? O que seu medo apresenta para você? E sua força? E sua segurança? E sua vulnerabilidade?

_____

_____

_____

_____

O que você tem feito todo dia tem moldado a sua vida?

Quando parei de participar de reuniões todos os dias sobre todas as coisas que acontecem no meu trabalho, comecei a encontrar tempo para exercer a minha criatividade novamente.

A primeira coisa que passei a experimentar foi tentar fazer os dias caberem nos dias. Tão difícil, né? Quem aí é do time da lista interminável de tarefas? Prazer, eu faço parte dele. Mas estou em reabilitação... Passei a me fazer a seguinte pergunta: "Como é um dia ideal para mim?" Não em relação ao que tenho para fazer, mas em relação ao que quero ser. A gente se enche de compromissos, de agendas, muitas vezes para atender a demandas de outras pessoas... E esquece de se priorizar.

Então, anotei em um post-it o seguinte: "Qual é o compromisso comigo mesma que eu consigo fazer um pouco a cada dia?"

Parei de idealizar o momento em que eu conseguiria escrever muito sobre determinado assunto. Em vez disso, resolvi escrever por meia hora todos os dias. Em algumas semanas, só não fiz isso duas ou três vezes — aos domingos eu descanso. E o que aconteceu é que agora tenho um volume de texto que não lembro de já ter tido antes. Uau, fui eu mesma que escrevi tudo isso? É quase como se eu estivesse exercitando um músculo. Paralelamente, também estou tentando me exercitar por vinte minutos todos os dias. Já tenho um fôlego diferente, seja na bicicleta, seja na escrita.

A reflexão que fica é: o que você tem feito no seu dia para que nele caiba o que você mais quer fazer? Esqueça o momento ideal, ele nunca chega. Haja cuidado para conseguir manter alguma ilha de bem-estar para nós mesmas.

Num ato de resistência em relação à nossa atenção e ao nosso protagonismo, minha sugestão é: escolha uma coisa que você quer muito fazer todos os dias. Faça isso por três dias. Por uma semana. Por um mês.

Meu desafio agora é continuar. Porque eu sou dessas — me empolgo e depois paro. Mas todo dia tenho pensado: como posso seguir com o que está me fazendo tão bem? É bom demais cuidar da gente.

Comece um texto com a frase: "Quando tive coragem eu..." e deixe fluir por 5 minutos.

_____

_____

_____

_____

Fala que eu te escuto, escritora!

*E*ste livro demorou anos para ser escrito. Entre idas e vindas que estão até em vários dos textos publicados aqui, fui conversando com algumas poucas pessoas sobre o processo. Sou daquele tipo de gente que prefere não contar a novidade enquanto ela não aconteceu, sabe? Mas, dado o tempo tão elástico do processo, a certa altura fui criando coragem para dizer baixinho para uns mais chegados: "*Shhh*, é que eu estou escrevendo um livro e queria trocar uma ideia com você."

Entre essas pessoas, duas mulheres fantásticas. Escritoras com fôlego, muitas publicações, sucesso de público e de crítica. Minhas amigas também. Fui buscar ajuda no processo, querendo aprender com elas. E já pensando também em você aí do outro lado, que pode se inspirar com a bagagem de quem já vestiu a coragem há muito tempo e hoje nos presenteia com suas histórias. Com vocês, Andrea del Fuego e Cris Lisbôa.

Andrea Del Fuego, autora de romances como A pediatra, Os Malaquias, ganhadora do Prêmio Literário José Saramago

Por que você escreve?

Escrevo para esquecer que tudo morre.

Você sempre se autorizou escritora? Ou foi um processo? Qual foi a chavinha que virou na sua cabeça para que você ocupasse esse lugar?

Eu escrevia sem ter ideia do que significa publicar um livro ou ser escritora. Tratava-se de um hábito íntimo. A autorização para escrever era algo inimaginável, pois eu nunca nem imaginei que isso fosse uma questão, tamanha a espontaneidade desse gesto que eu tenho desde a primeira adolescência. Agora, para publicar, sim. Eu tive muita pressa em publicar o primeiro livro. Foi muito importante para organizar a materialidade do processo de escrita. O ISBN que o livro carrega é uma espécie de certidão de nascimento. A materialidade do livro em casa, no convívio com meu companheiro, meus familiares, para mim mesma. Foi uma espécie de sé, aquilo que funda a cidade no território. Publicar o primeiro livro foi fundamental, literalmente, para organizar minha vida em relação à escrita. Como escrever é um caminho sem volta, ter meu livro publicado deu a gana para publicar o segundo, um foi levando ao outro.

Por que tantas mulheres diminuem o poder de sua escrita? Só é escritora quem publica? Quem publica um segundo livro? Quem tem sucesso? Quais as armadilhas do sucesso, aliás?

Você é escritora, publicando ou não. Caso deixe todos os seus textos dentro de uma gaveta, e, passemos por uma série de guerras que nos extermine, estará lá a escrita. Porque toda escrita pressupõe uma escritora.

Gosto muito da ideia de permaliteratura, da Carola Saavedra, no seu ensaio "O mundo desdobrável". Ela fala sobre como na permacultura tudo está dentro. A colheita não é só a cebola e o tomate ao final do plantio, mas tudo o que acontece durante, do preparo da terra ao crescimento. A colheita é tudo, incluindo as ervas daninhas. Carola diz, poeticamente, que os fracassos fazem parte da colheita, as derrotas, as desistências, os desvios, tudo é colheita. O livro, segundo o mexicano Pablo Duarte, também é um livro secreto que ele mesmo esconde.

Sobre o sucesso, sempre teremos dificuldade de entender o que ele é, no sentido de sucessão, de sair de um patamar de desafio para outro. Nem sempre isso é visível. Muitas vezes, o sucesso é artificial, por exemplo, quando o mercado define ou diz que um livro é sucesso, enquanto o escritor não vive o sucesso existencialmente. Enquanto o mercado afirma, o escritor pode estar vivendo, além do caos da imprevisibilidade, um novo processo que é criativo, mas exigente e sem nenhuma bússola.

Por que temos tanto medo de nos colocar no mundo com nossos talentos?

A dificuldade, esse medo de colocar no mundo nossos talentos, tem diminuído cada vez mais. Nós fomos analfabetas até pouco tempo. Não votávamos. Não era possível nem se divorciar. Recentemente, a laqueadura foi liberada sem autorização do marido. O que vivemos agora não é o medo de nos colocar no mundo, é a demanda excepcional de nos tornar públicas. Estamos sendo empurradas para uma reparação histórica, a de colocar na rua muitos séculos represados.

O que a escrita te trouxe de mais impactante na vida?

A escrita como intimidade dimensionou o tamanho do território interno.

Cris Lisbôa, autora de romances como Meu coração diz teu nome e Papel-manteiga para embrulhar segredos

Por que você escreve?

Escrever é minha fé. Meu barco, meu cais, meu farol, minha resistência, meu jeito de entender o mundo ao meu redor, de voar e de saber: tô viva, muito viva no rolê.

Você sempre se autorizou escritora? Ou foi um processo? Qual foi a chavinha que virou na sua cabeça para que você ocupasse esse lugar?

Fui alfabetizada com 4 anos. E morava com meus avós, ou seja, era a única criança em um mundo de gente adulta meio silenciosa. Então eu criava histórias com as plantas da horta, os cachorros, as pedrinhas, tudo. Começar a escrever as histórias não me espantou em nada e ninguém achou assim um assombro. Era o que eu fazia. Pedia figurinha de aniversário e colava atrás da parede para inventar diálogos, estava sempre suja de caneta colorida. Um dia, perguntei para minha dinda quem escrevia os livros, ela respondeu que eram os escritores e eu disse: "Então é o que eu vou ser." E nunca duvidei.

Por que tantas mulheres diminuem o poder de sua escrita? Só é escritora quem publica? Quem publica um segundo livro? Quem tem sucesso? Quais as armadilhas do sucesso?

Talvez porque tenham sido séculos de silenciamento. Uma das primeiras críticas do meu primeiro romance foi "Ela sabe escrever como um homem". Aquilo me machucou tanto e lembro que comentei com algumas pessoas que me disseram "Mas foi um elogio". Quem disse que "escrever como um homem" é um elogio? É escritora quem escreve para respirar.

Sobre sucesso: acho exaustivo ver gente duvidando da capacidade de alguém porque esse alguém vende muito livro. Ou porque não está em uma grande editora e — por exemplo — pública os próprios livros.

Por que temos tanto medo de nos colocar no mundo com nossos talentos?

Porque temos medo de que alguém nos diga que a única coisa que achamos que fazemos não é boa o suficiente. A questão é: quem define a qualidade do teu trabalho?

O que a escrita te trouxe de mais impactante na vida?

Escrever me fez livre. E a liberdade, todos os dias eu agradeço.

Temos coragem de nos conectar com a alegria?

ivro de autoajuda? Não gosto, mas em teoria. Na prática, já li vários e sempre saio com algum *insight*. Sempre me surpreendo com um livro que vendeu milhões de exemplares. Não é possível que seja delírio coletivo, tem alguma sabedoria ali com a qual podemos aprender junto.

Fiquei pensando nisso ao reler pela terceira vez *A grande magia*, de Elizabeth Gilbert. Dessa vez, grifei uns 70% do texto, porque parecia que ela estava escrevendo para mim, para o momento que estou passando.

Entre pensar que só iria passar os olhos e reler de tempos em tempos, percebi que o convite que o livro faz é poderoso: abraçar a vida criativa que todos nós podemos ter, independentemente de sermos artistas, escritores ou qualquer outra coisa.

Ao ler de novo o livro, fiquei pensando que, para além do meu compromisso com a escrita — que eu preciso e quero ter, fazendo disso a atividade principal dos meus dias, meu ofício —, também quero me divertir no processo. Liz teve os próprios altos e baixos, mas isso nunca foi suficiente para interferir no compromisso diário dela.

A autora faz um questionamento: como podemos ser mais malandros e menos mártires? Vou colocar o trecho aqui, porque é bom demais:

> Brené [Brown] escreve livros maravilhosos, mas eles não lhe vêm com facilidade. [...] Recentemente, apresentei a Brené essa ideia de que a

criatividade é para os malandros, não para os mártires. [...] Assim como muitos outros criadores, Brené aprendera a confiar na dor acima de tudo. [...] Então Brené descobriu como burlar o processo. Para seu mais recente livro, tentou algo novo: uma astuciosa jogada de malandro de altíssimo nível. Convocou duas de suas amigas queridas para se juntarem a ela em uma casa de praia em Galveston a fim de ajudá-la a terminar o livro, cujo prazo de entrega estava chegando. Pediu que elas ficassem lá sentadas no sofá e tomassem notas detalhadas enquanto ela lhes contava histórias sobre o assunto do livro. Após cada história, pegava as anotações das amigas, corria para o quarto, trancava a porta e escrevia exatamente o que tinha acabado de lhes contar. [...] O resultado em suas páginas foi tão profundo e sério quanto precisava ser. A única diferença é que ela se divertiu enquanto o escrevia, pois finalmente entendeu como driblar o sistema. E, ao fazê-lo, finalmente acessou a própria fonte abundante da Grande Magia. É assim que o malandro faz o trabalho. Com leveza. Sempre com leveza.[11]

É fácil pensar em toda uma linhagem de escritores, artistas e pensadores que tinham no sofrimento o combustível para as próprias práticas. Mas dá para fazer diferente, nos incentiva Liz.

Diversão e leveza são elementos que estão distantes da minha vida no momento. Está tudo muito sério. Problematizador. Humor também está em falta. Tem muito "mas" na minha vida. E estou sentindo muita falta de dizer sim e me divertir no processo.

Comecei a escrever este livro faz poucas semanas. Estou me divertindo no processo? É um livro sobre ter ou não coragem. E parece que não tenho coragem de ser leve. De olhar as coisas sem problematizar todos os ângulos. Isso tem a ver com quem eu sou, como fui criada, minha família. Tem a ver com o fato de que, uma vez que temos consciência, é muito difícil não olhar desse jeito para tudo.

Mas quero me divertir, aprender a fazer isso e levar esse direcionamento para minha vida. Eu carrego minhas dores e dificuldades, mas como abraço o que é simples, o que me faz gargalhar? Como posso fazer esse convite aos outros também?

Quero que minha escrita abra um caminho, que seja um *insight* que surge e traz um lugar de expansão, em vez de contração. Um lugar que crie mais espaço no corpo e que nos ajude a caber melhor nesse mundo que nos exige tanto a ponto de quase esquecermos que precisamos da alegria, da leveza e do riso para seguir em frente.

Você consegue sentir alegria enquanto faz aquilo que te desafia? Que outras emoções experimenta também? Num exercício de futuro, como gostaria de lidar com seus processos?

_____

_____

_____

_____

_____

Quando eu não tinha coragem de publicar o que escrevia porque achava que ninguém iria ler

Ser jornalista me distanciou da minha escrita autoral. Minha formação pedia que eu ouvisse outras pessoas. Sempre era o outro quem sabia de um assunto. Era o especialista que eu buscava, alguém que me ajudasse a entender sobre determinado tema. Meu trabalho era traduzir aquele conhecimento, torná-lo acessível para mais gente. Nunca era eu quem tinha algo a dizer.

Como ter coragem de falar quando você precisa se cercar de quem te ajuda a entender o mundo?

Mesmo com o meu blog, o Don't Touch My Moleskine, eu caía na mesma armadilha. Entrevistava escritoras, artistas, cantoras. Meu forte sempre foi a curadoria. Garimpar belezas e encantamentos para mostrá-los a mais gente. Eu era uma boa curadora ou me escondia nesse papel para não dividir o que eu mesma tinha para mostrar? O outro era mais interessante. Tinha o que dizer. Eu? Era boa em achá-los e em mostrá-los para mais gente.

Que armadilha bem construída!

Quantas vezes precisei me autorizar a escrever um simples texto? Quantas vezes duvidei de que aquilo faria sentido para mais gente além de mim? Quantas vezes escrevi e acabei não publicando, desdenhando do que se passava em mim? Quantas vezes ainda vou repetir essas situações?

Foi na pandemia que não aguentei mais e publiquei um texto chamado "Saudade das pernas", em que tentava me entender diante daquele isolamento e da solidão. O texto reverberou tanto, muita gente dizia "era isso o que eu estava sentindo, mas não tinha conseguido articular assim".

Esse texto me levou para uma sala de aula composta por adolescentes do Colégio de Aplicação da Universidade Federal de Pernambuco. O professor pediu para os alunos estudarem o texto e também escreverem sobre as próprias saudades. Estar com eles foi arrebatador. Eram quase cem alunos, e aquilo me encheu de orgulho. Um texto meu chegando tão longe.

Fico imaginando quanto eu já teria escrito caso tivesse autorizado minha persona jornalista a ir além do reportar o que os outros dizem. Quanto teria alargado minha experiência de escrita caso não tivesse aprendido que jornalista não deve se colocar no que escreve, que deve ser "imparcial", uma palavra inviável em sua essência.

Ainda bem que antes tarde do que mais tarde eu me libertei. E sabe como? Usando o Instagram como plataforma para o que tenho a dizer. Quase sempre estou na dúvida: será que isso é íntimo demais? Será que vai fazer sentido?

Mas quando preciso escrever não tenho como escapar. Ou eu escrevo e publico, ou não me organizo internamente para lidar com o que quer que esteja passando. Acho que vem daí a força. Eu me mostro, e talvez do outro lado alguém se enxergue também. E assim nos entendemos, sem nem precisar termos nos visto ou conversado, porque não estamos mais sozinhas e encontramos ali naquela tela uma companhia que reverbera o que temos de mais íntimo.

Você já experimentou usar as redes sociais para dividir o que sente, pensa, reflete? Se surpreendeu com o tipo de resposta que recebeu e recebe?

Ser jornalista está na essência de quem sou. Eu sempre serei uma. Mas no meu jornalismo tem espaço para o que penso, o que sinto, o que sou. Demorei a entender isso. Mas hoje vejo que não sou menos jornalista porque transbordo. Talvez esteja me tornando uma escritora exatamente porque não tenho como escapar de mim. Só dividindo o que sinto e penso com outras pessoas é que encontro sentido para os meus dias.

Existe alguma armadilha hoje que afasta você do que mais quer fazer?

_____
_____
_____
_____

Buscando mais prazer em algo de que você goste muito

Para seguir por um caminho precisamos fazer escolhas. Mas como isso é difícil, né? Temos essa mania de querer abraçar o mundo. Isso quando não queremos, também, dar conta de tudo — cabe tanta coisa nesse "tudo" que é possível que, nessa busca incessante, nos afastemos de nós mesmas.

Quantas mulheres deixaram de escrever os próprios livros porque tinham que cuidar da casa e dos filhos? Quantas delas, ao contrário, tiveram o privilégio de ter "um teto todo seu" para se dedicar com tranquilidade à necessidade de colocar as emoções e as histórias no papel?

Quantas vezes nos nutrimos do fazer, fazer, fazer, em vez de aprender a olhar para o que já somos e o que já temos?

Conseguir concluir este livro é uma tarefa que traz muito material para terapia. Eu me saboto um pouco a cada dia. Duvido de mim a cada frase terminada. Penso: "Quem vai querer ler isso?" Sinto inveja quando ouço uma amiga escritora falar: "É tão divertido escrever livro, né?" E eu só respondo, como no meme: "Mona, você tá maluca?" Só não digo que é um parto porque não passei por um.

A vida inteira encaixei a escrita em migalhas de tempo. Aprendi a escrever com *deadline* — e isso moldou muito da minha capacidade de conseguir entregar qualquer trabalho. Ao mesmo tempo, me colocou nesse lugar da urgência, do cortisol alto, do fazer sem ter muito tempo para pensar. Talvez por isso eu tenha tanta dificuldade de voltar para reler o que já escrevi. Eu libero para o mundo sem olhar pra trás.

Recentemente, depois de ter filho, descobri que precisava me ausentar do ambiente doméstico para conseguir deixar as ideias fluírem. Fui algumas vezes para um retiro de escrita maravilhoso. Escrevi freneticamente. Não sem algum incômodo, porque acho que ele sempre vai existir. Mas com a alegria de ter um espaço só para mim, rodeado de silêncio.

Então me deparei com um trecho de um livro que dizia mais ou menos assim: é fácil fazer o que se gosta quando todas as condições contribuem para isso.[12] Claro que cuidamos de nós mesmas quando estamos num spa, sendo cuidadas também. Mas o que fazemos no dia a dia para alcançar esse objetivo?

Pensei no retiro de escrita. Consigo escrever quando estou sozinha, quando tenho tudo contribuindo para a empreitada. E no dia a dia, consigo? Me lembrei de uma fala da Elisama Santos, educadora parental e escritora, que me deu a honra de escrever o prefácio deste livro, falando que escreve livros no meio da sala, com as crianças brincando, vendo TV. Fiquei chocada. Mas logo pensei: "Quero ser uma escritora que se retira para escrever ou uma escritora que escreve nas condições que tem?"

Não que eu precise ser uma ou outra; posso alternar os papéis e ainda descobrir outras possibilidades, inclusive uma mais equilibrada. Mas a escrita, que tanto me nutre, precisa estar no centro da minha vida.

Travo há anos a luta para conseguir transformar esse desejo em realidade. Vai chegar um momento em que, para priorizar essa escrita, vou precisar abrir mão de outras coisas. Talvez não consiga estar tão presente na agenda social como gostaria, e tudo bem. Talvez não consiga fazer tanto exercício quanto venho fazendo.

Abrir espaço para si na própria vida deveria ser mais fácil. Nessa mania de mulher-polvo de querer abraçar tudo, nos perdemos e apenas seguimos do ponto em que estamos. Esquecendo, muitas vezes, de nos nutrir.

De nos perguntar: o que importa para mim? Que espaço dedico para o que eu mais quero? Como posso honrar aquilo que vim fazer no mundo? A lista de tarefas nunca vai diminuir. Os problemas do mundo também não vão deixar de nos perturbar. Ainda assim, sabemos que vale a pena insistir. Até porque é inevitável.

Quantas mulheres foram impedidas de dar vazão aos seus dons? Quantas foram diminuídas ao longo do tempo pela sobrecarga? O que as mulheres que vieram antes de nós tiveram que fazer para que pudéssemos estar aqui, desfrutando de uma vida com muito mais possibilidades?

Meu novo desejo de vida é deixar a escrita ocupar um lugar de prazer tão grande nos meus dias que, quando eu olhar pra trás, vou até achar estranho o quanto sofria pra colocar as ideias no papel.

Para o que você quer dizer esse tremendo sim?

Merecemos nos divertir no processo. Mesmo que seja a base de muito treino. Não vai ser de um dia para o outro, como disse minha terapeuta. Mas tanta coisa mudou nos últimos tempos com a insistência, a constância e a vontade. Por que isso também não pode mudar?

Quando vamos nos autorizar a ocupar os lugares que ainda nos amedrontam? Quando vamos defender um espaço para nós mesmas em meio a tanto que precisamos fazer? Quando vamos sentir orgulho natural do que fazemos? Quando é que, finalmente, vamos acreditar nas palavras que dizem a nosso respeito?

Escrevo este livro porque preciso sair da escassez. A vida inteira eu me achei menos, me diminuí, achei que tinha algum carisma e que só por isso tinha conquistado certas coisas. Nunca olhei para mim e pensei: *você tem talento. Você é digna de amor. Sua existência faz diferença no mundo.* Ao escrever isso, sinto vontade de abraçar minha criança ferida. Dei meu jeito de ir vivendo uma vida que até disfarça bem o fato de que carrego esse tipo de dor. Mas, na verdade, a dor está aqui também. Junto com força, alguma coragem, uma vontade louca de ver minha escrita fazendo diferença na vida de alguém.

Acredito que escrevemos para nos entender — e também para nos curar. Desde que aprendi que as palavras têm esse poder, nunca mais parei.

Às vezes, nem sei o que quero escrever, só começo e vou. Tem algo que vem de dentro de mim que não tem contorno, só fluxo. Palavras que precisam sair. Caso contrário, sufocam. Palavras que precisam ecoar porque só assim entendo sobre mim mesma, sobre o outro, sobre o mundo. É como se eu só conseguisse entender algo depois que ele passa pelas letras derramadas na tela.

Quando era criança, eu inventava uma história com personagens que viviam tudo que eu queria viver. Elas eram quase um conto de ninar para mim, um lugar de conforto e segurança e também de muita imaginação. Escolhi uma profissão que tem o texto como essência. Cocriei uma empresa que tem na comunicação a base de tudo.

Vivo da escrita a vida toda. Como posso, ainda, duvidar dela?

Entre o que dá certo e todo mundo vê e os monstrinhos que nos habitam ainda há um longo caminho de cuidado, entendimento, reflexão, pedido de ajuda, até chegarmos numa elaboração que nos deixe num lugar mais confortável. Ainda me vejo um pouco longe dele, mas entender que abrir espaço para a alegria e o prazer é essencial me estimula a querer chegar mais rápido.

O que desejo para mim é o que desejo para você: que aprendamos a nos acolher e a nos cuidar, olhando para o que fazemos como o que temos de mais precioso. Sim, eu tenho o que dizer. Você também. Até quando não vamos nos autorizar? Esse tempo de autossabotagem e questionamentos incessantes precisa ficar para trás.

Bora logo, faz o que você veio aqui fazer, seja escrever, seja pintar, seja comandar uma empresa, seja cuidar dos seus filhos, seja atuar em um filme. Não tem por que adiar. Mas também dá para ser generosa e pensar: podemos, temos as ferramentas, sabemos que, quando falamos, não é só por nós, mas por outras mulheres também. Quando nos colocamos em movimento, outras mulheres se beneficiam e sobem junto. Então, por que não? Se autoriza, mulher! Eu quero, eu posso, eu faço, eu vou. Você também. E isso tudo começa agora. Porque não podemos mais deixar para depois a imensidão de quem já somos hoje.

A mulher que eu quero ser eu já sou hoje.

E sei que você já é.

Por nós, tenho um chamado: é essencial nos nutrir de verdade todos os dias. Nas nossas escolhas, nas nossas companhias, nas nossas entregas. Não temos mais tempo a perder. Só precisamos ir em frente. Com um sorriso no rosto e o cultivar incessante do prazer. Quase como um ato de resistência. Se nos querem pequenas, nos agigantemos. Se nos querem caladas, vociferemos. Ninguém — nem mesmo as vozes da nossa cabeça — vai nos dizer que não podemos, que somos inadequadas, que tem gente melhor do que nós. Estamos vivas! E prontas para desfrutar de tudo que a vida nos traz. Que aprendamos a honrar, diariamente, essa oportunidade. E desfrutemos das etapas no caminho — sorrindo mais com um prazer escancarado no rosto, por favor.

Escreva uma carta para sua amiga que se sente uma impostora. O que você diria para ela? Faça isso aqui ou em uma folha em branco.

_____

_____

_____

_____

_____

FALA QUE EU NÃO TE ESCUTO, IMPOSTORA!

O fenômeno da impostora no mercado de trabalho

*E*nquanto a gente pensa que a impostora habita "apenas" nossos desejos mais ousados, vem a surpresa: ela se alastra por todo lugar. Podemos ter anos de formação, ser profissionais bem-sucedidas, conquistar vários marcos na carreira. Ainda assim, duvidamos. Ou melhor, somos alvo de uma engrenagem do mercado de trabalho que não está nem um pouco disposta a nos dar espaço. Mais uma vez, um mundo desenhado e comandado por homens, que se protegem e se impulsionam. E a gente, como fica? Quando a impostora bate na hora de a gente se candidatar àquela vaga de emprego, o que fazemos? Quando precisamos sentar numa mesa de negociação, como nos colocamos com o valor que temos para entregar?

Para entender mais sobre isso, fui entrevistar a Nana Lima, uma das criadoras da Think Eva, uma consultoria para a equidade de gênero.

"Até eu começar a pesquisar o tema [da impostora], sentia muito isso, mas não tinha nome. (...) A gente vai entendendo que tem nome, tem cenário e contexto que nos fazem sentir isso", me disse Nana. "Bate em qualquer mulher, independentemente da idade, do cargo, às vezes até quando a gente quer aprender um instrumento, um hobby. O mundo corporativo, por ser muito masculino, deixa essa sensação mais forte na gente. É como se você estivesse ocupando um espaço em que todo ambiente diz que você não é merecedora, que conseguiu enganar todo mundo, que foi sorte", diz.

Ela acrescenta que é super importante o trabalho de conscientizar as mulheres de que esse fenômeno existe, é real, não é coisa da nossa cabeça. "Quando surge uma vaga e temos medo de nos candidatar, quando tememos falar numa reunião, será que não temos capacidade de exercer esse cargo, fazer esse projeto? Ou será uma outra coisa? A falta de capacidade quase nunca é o caso. Às vezes temos uma falta de preparação. E disso se corre atrás."

Segundo o Gender Insights Report publicado em 2019 pelo LinkedIn[13], as mulheres acreditam que precisam preencher 100% dos pré-requisitos de uma vaga para se candidatar a um emprego. Enquanto os homens acreditam que basta cumprir apenas 60% das exigências. Percebe que nós desistimos antes mesmo de tentar?

Em certo trecho da entrevista, Nana disse algo que virou uma chave na minha cabeça. Estávamos falando sobre vagas de emprego. "A gente costuma pensar: se não estou perfeita nesse cargo, cumprindo todas as expectativas, não sou merecedora desse reconhecimento. Mas se você cumpre 100% dos requisitos daquela vaga, talvez essa vaga não seja pra você. Vai ser muito fácil, não vai ser desafiador o suficiente. Somos ensinadas a quase agradecer por alguém nos deixar ocupar um espaço."

E, mesmo conseguindo a vaga, acabamos enfrentando outros obstáculos. Cerca de 57% dos homens negociam o primeiro salário quando entram na força de trabalho, segundo pesquisa sobre o tema da Discovery Inc. em 2021.[14] Entre as mulheres, apenas 7% fazem o mesmo, segundo pesquisa do LinkedIn.

Nana lembra que tinha ganhado um bônus na empresa em que trabalhava. Conversando com um amigo durante um happy hour, ele falou que tinha ganhado mais. "Eu perguntei: 'Como assim?!' Ele respondeu: 'Não achei que o proposto era suficiente e negociei por mais.' Eu fiquei: 'O quê?! Dava pra ter negociado mais?' Eu me sentia tão impostora, já estava tão agradecida, que jamais passou pela minha cabeça que eu pudesse ganhar mais, mostrar que queria que eu e minhas entregas fôssemos mais valorizadas. Foi quando caiu a grande ficha de que, se eu sinto, outras mulheres também sentem. É uma coisa muito sistêmica."

Entre mulheres que empreendem há novos desafios. Como precificar o trabalho que se oferece? "É uma coisa difícil, às vezes a entrega é intangível. Nós ficamos pensando que podemos ajudar, é só uma coisinha. Minha sugestão é: manda o preço real. Primeiro, aprenda a precificar direitinho. Crie esse sistema. Não tenha medo de dizer quanto vale seu trabalho. Tenho certeza de que os homens que estão concorrendo com você não têm esse medo. Jogue o jogo. Eu tinha muito medo de entrar na mesa de negociação, ficava incomodada, não queria conflito, não queria que a pessoa me odiasse. Mesa de negociação é mesa de negociação. Você não está fazendo mal por cobrar o preço justo por um trabalho." Sem falar quando o trabalho é diminuído por sermos mulheres. "'E vocês, meninas? Vocês têm CNPJ?' A pessoa fala aquilo para você entrar na conversa se achando menos."

Isso tudo quer dizer que precisamos mudar nossa forma de agir? Não necessariamente. Mas precisamos entender melhor como jogar o mesmo jogo. "Estou entrando num projeto novo? É normal ter medo, me sentir nervosa. Qual a diferença entre ansiedade e motivação? Não podemos banalizar a palavra ansiedade. Às vezes, perdemos o sono. O projeto é importante, estamos motivadas. Não precisamos ser fadas sensatas e plenas o tempo todo. É normal oscilar."

Uma sugestão de Nana é mentorar outras mulheres — e ser mentorada também, com o objetivo de dividir conhecimento e ajudar a acelerar algumas etapas no caminho, fortalecendo uma rede de mulheres. "O mundo em que vivemos foi pensado e construído para nos sentirmos assim. Lutar contra esse sentimento é algo muito poderoso. Vivemos num cenário que, ao assumir um cargo de liderança, uma mulher representa todas as mulheres. A Marta jogando futebol valida a possibilidade de todas as mulheres jogarem futebol. A Maju Coutinho assumindo a bancada do *Jornal Nacional* representa todas as mulheres negras e a capacidade delas de assumirem a bancada. Temos que entender o peso que o mundo coloca só por estarmos ali."

Como a impostora aparece no seu trabalho? É impostora mesmo, ou é um sistema que não nos quer ocupando lugares? A gente ocupa os lugares mesmo assim, pensando que, quando fazemos isso, não é só por nós, mas por todas as outras também, principalmente as que vêm depois.

AS REDES SOCIAIS COMO UM ESPELHO PARA A GENTE OLHAR PARA DENTRO

Coragem de investigar os próprios medos

Para Lorena, autocobrança.
Para Nalyta, vergonha.
Para Mariana, julgamento.
Para Tatiana, falta de confiança.
Para Claudia e Giulia, insegurança.
Para Cecília, também. "Acredito em todo mundo antes de acreditar em mim."
Para Mariana, julgamento.
Para Carol, vulnerabilidade.
Para Olga, também.
Para Aline, despreparo.
Para Alana, solidão.
Para Carol, autossabotagem.
Para Gleide, também.
Para Carola, falta de representatividade.
Para Catita, insuficiência.
Para Clara, Tainá e Rachel? Insuficiência também.
Para Carol, ansiedade.
Para Ana, amanhã.
Para Monique, não lugar.
Para Paula Maria, estagnação.

Para Joana, cansaço.
Para Natália, machismo.
Para Larissa, medo.
Para Gabi, cobrança.
Para Nathália, autoboicote.

Qual palavra você escolhe para definir a relação que tem com essa sensação constante de duvidar de si mesma? Quem é você na lista da impostora? Um pouco de cada uma dessas mulheres?

Essas foram algumas das respostas que ouvi ao fazer rodas de conversas com mulheres.

Quero propor um exercício. Defina um tempo de cinco minutos no alarme, coloque o celular em modo avião e me responda: o que você faria se não tivesse medo?

_____

_____

_____

_____

E aí? Como foi? Cinco minutos parece pouco, mas pode revelar tanto, não é?

Do outro lado do medo e de todas as palavras escritas nas páginas anteriores — e também de todas as que você acrescentou — existe uma mulher que quer se encher de coragem para realizar tudo o que deseja.

Eu sei que você consegue.

Porque há uns anos faço esse exercício com mulheres e quase transborda da tela ou da plateia o impulso gigante que move cada uma de nós. As respostas vão de saltar de paraquedas a escrever um livro, passando por reconquistar um grande amor, tirar um ano sabático, aprender a dançar...

Volte e leia suas respostas daqui a um ano. Observe como colocar suas vontades e seus sonhos por escrito pode ajudar a materializar a vida que deseja para si mesma.

P.S.: Por muito tempo minha resposta era escrever um livro. Exatamente este que você tem nas mãos.

Coragem de admitir que quem stalkeamos demais nos dá pistas do que queríamos ser e fazer

Você visualiza os stories de alguma arroba assim que a pessoa posta? Aquela pessoa que você admira, mas de quem também sente um pouco de inveja, porque ela parece estar no auge? Não um auge de sucesso apenas, mas por estar alinhada aos desejos e ao propósito que tem, fazendo o que veio fazer neste mundo?

Eu visualizo. E também visualizo demais algumas pessoas que stalkeio, porque, de certa forma, elas incorporam características que eu adoraria ter mas ainda estou longe de conseguir.

Funciona quase como uma bússola para minhas emoções e vontades. "Caramba, ela falou que está escrevendo um livro. Eu também estou, mas nem ouso contar para as pessoas." Aliás, além deste livro que você tem em mãos, faz dois anos que, como Contente, assinei contrato para outro, e isso nunca foi celebrado. Não só nas redes sociais, mas também no círculo mais próximo de amigos.

Então, quando vejo alguém se colocando no mundo e contando isso, sinto que deveria fazer o mesmo, mas me falta coragem.

Quando vejo outra arroba postando pouco e focando em conversas de mais fôlego, acontece de novo. Me sinto boba por usar apenas o Instagram para me comunicar. Cadê minha newsletter? Será que um dia vou fazer um TikTok e me divertir com ele? No que mais eu deveria estar pensando? Que outros produtos minha empresa poderia vender?

É quase como se eu travasse diálogos a partir da existência dessas outras mulheres.

Quanto stalkear alguém prejudica minha saúde mental? Quanto ver as conquistas da outra me faz achar que estou fazendo menos do que poderia? Será que ficar tão atenta à vida alheia não me distancia da minha?

Já silenciei essas pessoas algumas vezes, mas acredita que digito o nome e procuro a bolinha para ver o que elas estão fazendo?

É como se elas tivessem um poder de realização muito maior do que o meu. Inclusive fazem coisas que já pensei em fazer. Se eu as tivesse feito, talvez estivesse menos num lugar de "poxa, eu poderia ter feito isso" e mais em "colega, olha que massa, o que a gente faz tem sintonia".

Quero parar. Parar de me comparar a pessoas cuja vida eu acompanho pela internet. Não me faz bem, me bota para baixo, me faz pensar na falta, e não em tudo que eu já fiz e faço. E me faz, ainda, criar cenários a partir de fragmentos tão mínimos de uma existência. Mesmo quem passa o dia inteiro postando só posta uma parcela pequena da vida. Como ouso fazer comparações sem saber de fato o que se passa naquela outra vida?

Até gosto quando algumas pessoas que sigo me motivam a ser mais como elas. Não diretamente, não é isso que elas estão me dizendo para fazer. Mas já percebi que adoro seguir pessoas determinadas, que têm uma rotina que dá contorno, que faz tudo funcionar muito bem — ou ao menos parece que isso faz. Delas tenho vontade de pegar a constância e o compromisso. E olha que ando bem melhor nesses aspectos, mais satisfeita comigo mesma.

Agora, ver todo dia alguém que, apesar de ser massa, acaba me causando tudo isso? Para quê? Que sempre tenhamos consciência para entender se o que estamos consumindo nas redes sociais nos faz bem e acrescenta ou nos deixa para baixo, sentindo que não estamos fazendo o suficiente. Porque estamos. Só nós sabemos. Sem notificações que nos perturbem, por favor.

Você stalkeia alguém com frequência? O que admira nessa pessoa é o que sente que falta em si mesma? Experimente silenciar esse perfil pelo máximo de tempo que conseguir. Enquanto isso, anote suas pequenas conquistas diárias.

_____

_____

_____

_____

Quando eu não tinha coragem de aparecer nos stories

Houve um tempo em que eu não aparecia nos stories do Instagram. Isso começou porque fiquei muito chateada quando Mark Zuckerberg copiou uma função que tinha sido inventada pelo Snapchat. Assim, na cara dura, sem os devidos créditos. Ou sem pagar por isso. Fiquei na resistência da coerência. Como criadora de ideias e também de conteúdo, me senti pessoalmente ofendida, o que pode até soar engraçado, e é também, mas tem seu quê de seriedade. Depois de um tempo, foi inevitável sucumbir a essa forma de comunicação. No meu caso, com a ajuda de algum recurso.

Foi assim que passei a aparecer em vídeos de 15 segundos apenas quando estava com filtro de gatinho. Sim, aquele que transformava o nariz em focinho e ainda acoplava duas orelhinhas felinas à cabeça. Que fase!

Assim eu seguia, tentando aprender a me comunicar em vídeo. Apesar de ser corriqueiro hoje, vamos combinar que não é a coisa mais natural do mundo pegar o celular, apontar a câmera frontal para si mesma e começar a falar com uma audiência virtual, né? Parabéns para quem consegue fazer com naturalidade, quase sem pensar no assunto. Comigo, a história foi outra. Eu precisava do filtro para esconder minha vergonha — e também minhas imperfeições.

Porque, se tem uma coisa que o Instagram fez por nós, foi ativar esse filtro no olhar para os nossos defeitos. "Ai, minha pele não é tão boa quanto com o filtro Paris" (ainda bem, porque, se fosse, não teríamos poros, o que seria não só esquisito como antinatural). "Será que preciso de botox?" "E esse nariz, é grande assim mesmo?" "Ah, mas minha pele não é assim bronzeada..." Uma pesquisa encomendada pela Allergan Aesthetics, empresa de tratamentos estéticos médicos, mostrou que 40% das pessoas usam filtros de imagem nas próprias fotos com frequência para aparecer melhor nas postagens; 98% acham que os outros são mais bonitos nas redes sociais e 93% concordam, parcial ou totalmente, que o nível de cobrança estética tornou-se irreal devido ao uso exagerado de filtros de imagem. Foram ouvidas ao todo 650 pessoas, em oito capitais brasileiras, sendo 24% homens e 76% mulheres, entre 18 e 50 anos. A pesquisa foi realizada em 2022.[15]

Esse fenômeno tem até nome, que define o comportamento de jovens que recorrem a cirurgias para ficar parecidos com suas *selfies*: dismorfia do Snapchat. Lábios mais cheios, olhos maiores, nariz mais fino. Se antes desejávamos as características das celebridades (a boca da Angelina Jolie ou o nariz arrebitado da Isis Valverde — no meu caso, o nariz da Sandra Bullock), agora optamos por nossas versões digitais turbinadas.

"O padrão atual se parece com um mosaico das 'melhores partes faciais possíveis' [...]. Não é um rosto com o qual se nasce, é um rosto que se alcança", me disse em entrevista Camila Cintra, autora do livro *O Instagram está padronizando os rostos?*. "É a face-performance, um rosto que performa no ambiente de espetacularização do Instagram e das redes e se adequa a ele, um rosto que encarna a eficácia e o imperativo da otimização no próprio rosto. Antes o rosto ideal era o da celebridade, algo que quase por 'sorte' se nascia com. O rosto padrão atual é um rosto que se conquista. É possível trabalhar por ele. Acompanha bastante a lógica neoliberal. E, além disso, tal como um produto, é possível escolher."

Como ter coragem de ser nós mesmas sem filtro algum? Difícil... Admiro quem consegue. Mas também faço uma observação: quantas mulheres lindíssimas e "padrão" adotam esse discurso? Para mim, que acordo com o olho inchado se choro na noite anterior, fazer as pazes com filtros me ajuda a não deixar de falar o que tenho para falar.

A certa altura, "desmamei" do filtro de gatinho. Foi quando uma amiga querida respondeu com uma mensagem, dizendo: "Amiga, eu adoro o que você fala, mas não dá pra levar a sério com esse filtro." A partir de então, passei a aparecer com outros filtros. Alguns que deixam a pele mais granulada. Sempre escolho os que não mudam o formato do rosto. Nada de nariz mais fino ou olho de boneca Baby Alive.

De quando comecei para agora, aparecer nos stories mudou minha relação com a minha imagem e com o que tenho a dizer. Hoje, encaro dar uma entrevista em vídeo como algo corriqueiro. Subir num palco ainda me amedronta, mas nunca mais deixei de dizer sim. Esse exercício diário de falar para uma audiência, seja ela de qual tamanho for, me ensina demais a condensar ideias e expressá-las. Não só recomendo como acho que quem acha que é besteira poderia exercitar mais. Já deixamos de falar em tantas ocasiões, por que sucumbir ao discurso "ah, ela só quer ser blogueirinha"?

As redes sociais nos permitem esse tipo de exercício de musculatura. Não há nada mais poderoso do que uma mulher que não deixa mais de ocupar todos os lugares que ela pode ocupar. Na internet e fora dela. Topa experimentar também?

Experimente aparecer nos stories todos os dias por uma semana, compartilhando uma ideia, uma pergunta, algo que você viu ou leu. Veja como se sente depois disso.

Coragem para se ver sem filtro

Cabem muitas versões de mim num intervalo de poucos dias. Parece que meu estar no mundo ainda depende demais do olhar que o outro pode jogar sobre mim. Explico: numa sexta-feira fui dar uma palestra falando de temas que fazem parte da minha vida. Era um evento tão *cool* que quase travei. Fiquei insegura, deixei para ensaiar de última hora, cheguei até a subir no palco com o fone em um dos ouvidos para ficar escutando a minha fala gravada no celular. Claro que não deu certo aquele zunido. Quando me soltei e falei o que tinha para falar, tudo fluiu.

No dia seguinte, fui assistir a outras duas falas de mulheres poderosas, que são referência no mercado da comunicação. Bastou eu ver a primeira para me comparar. Eu não tinha me apresentado tão bem assim. Sabe quando você vê alguém tão confortável na própria pele que parece que a pessoa até duplica de tamanho? Ali ela era gigante.

E logo eu me diminuí. É como se eu vivesse numa constante comparação. Como se não coubessem duas gigantes na arena, e eu perdesse meu posto diante de qualquer pessoa mais segura que eu.

Eu já conhecia a fala da segunda mulher, então o impacto foi menor. Mas a reflexão, não. Saí de lá incomodada comigo mesma. Quando alguém vinha me cumprimentar pelo que eu tinha apresentado, dizer que queria muito ter me ouvido, que amava o que eu escrevo e soltava um "por favor, continue", era quase como se eu quisesse escapar, como se não fosse para mim, como se aquela generosidade de estranhos não pudesse ser direcionada a mim.

Tenho passado por muita coisa. Um *burnout*, o luto pelo meu irmão, talvez saindo de uma crise no casamento, tudo isso enquanto trabalho muito. Nem sempre sei como vai ser minha noite. A de hoje, por exemplo, foi uma das piores da vida do meu bebê em 1 ano e 5 meses. Ele passou duas horas acordado, enquanto chorava um choro doído e também raivoso. Tem dias que a noite é longa...

Acho que todos esses processos, inevitavelmente, interferem na minha percepção sobre mim. Eu estou machucada, dolorida. É como se eu precisasse correr uma maratona com o joelho meio capenga. Não tem Mionevrix de 12 em 12 horas que dê conta. Eu precisava de um descanso para recuperar o fôlego. Mas não paro...

Quando entro num *looping* como esse, é difícil de sair. Passo a ver ainda mais as conquistas de pessoas que sigo admirando (e também invejando) pelas redes sociais. Sou capaz de comparar minhas possibilidades com as de quem tem um milhão de seguidores. Esqueço de mim enquanto assimilo da vida alheia o que me falta: a segurança, a certeza, a assertividade, o poder de realização. Esqueço do tanto que faço e olho para a vida num registro de baixíssima frequência.

Minha cabeça foi daí para pior. Me ver tão parecida me deu um choque. Não quero viver assim. Não quero desmerecer nada só porque aquilo era exatamente o que eu queria ter, conseguir, conquistar. Quero primeiro olhar para mim com a generosidade de quem olha para uma amiga a quem desejo bem. Quero olhar para mim e ver tudo o que tenho feito até aqui — e é tanta coisa!

Comecei um exercício de focar menos no que não deu, no que não dá e no que já passou. Tenho tentado olhar para o que sou, para o que tenho. Como posso construir uma confiança que me sustente para além do palco que me convidam para ocupar? Como posso falar direto do coração, ou mesmo do estômago? Como posso me apropriar da minha história, para contá-la com amor e certeza, com vivacidade e tesão? Como posso ser eu honrando minha história, minha trajetória, o que vivo agora?

Infelizmente, as redes sociais podem ser uma máquina cruel de comparação incessante. Sei disso, estudo sobre isso, amplifico conhecimento por meio da Contente e, ainda assim, caio na armadilha. Até quando? Vou ver minha vida passando na janela e vou estocando ressentimento até que fique tudo insuportável? Não dá.

Mas, como eu disse ali no começo, cada dia é uma nova possibilidade. Quatro dias depois daquela palestra, fui convidada para falar num podcast. Um podcast que eu não conhecia nem nunca tinha ouvido falar (e só isso dá uma paz de participar. E qual não foi minha surpresa ao receber perguntas tão boas e generosas e me ver falando na potência que eu tenho?

Era assim que eu queria ter dado aquela palestra. Acreditando, falando com paixão, porque é assim que eu sou num dia bom. Confio no que tenho a dizer. E mais: acho que o que digo pode ser útil para mais gente.

Às vezes, cansa ser tão cíclica. Será que não somos todas? Pela primeira vez, pensei que pode ser bom tomar remédio para o *burnout*, que me revelou uma mistura de ansiedade com depressão. Ainda não tenho coragem. Porque até adoecida exijo demais de mim. E talvez eu precise ter coragem de pegar essa menina no colo e dizer que oscilar tanto não só faz parte de quem eu sou, porque sou assim desde sempre, como está mais evidente agora, por conta de tanta coisa que estou vivendo. Nesse meio-tempo, quero fazer o dever de casa que a primeira palestrante sugeriu: uma apresentação contando de onde eu vim, o que me formou, quais são minhas referências desde sempre.

Preciso ter coragem de olhar para minha história com a força que ela tem. Com menos filtro e mais verdade. Sem medo do salto no escuro. Afinal, o que temos a perder quando resolvemos nos mostrar por completo? Acho que não muito. Nada além do que nossa versão vulnerável, crua, dolorida, amorosa, reticente, assertiva, ressentida, generosa, potente, divertida, triste. Nossa versão real.

Como você se apresentaria para o mundo se não duvidasse de si? Quais os maiores feitos que elencaria?

_____

_____

_____

_____

_____

Quem tem coragem de ir contra a multidão?

É só abrir o feed do Instagram para se deparar com o mesmo tipo de conteúdo: vídeos rápidos, com música e algo engraçado. Parece que só há uma forma de nos comunicar. E eu me pergunto: chegamos até aqui para ver todo mundo fazendo a mesma coisa? Que desperdício de tempo e criatividade.

As redes dizem que não é bem assim, mas quem cria conteúdo sabe que é. Se não dançar conforme a música, você dança. Ou não dança! Se quer continuar apostando em foto ou vídeo, boa sorte. Você vai precisar. Daqui a pouco estará fazendo parte da resistência. Da resistência da atenção. Um séquito de pessoas que falam até hoje "quando entrei na internet, era tudo mato". E era tudo mais simples também. Ou será que estou apenas idealizando uma época que não volta mais?

Quem tem coragem de olhar para dentro e honrar a própria autenticidade? Quem vai continuar insistindo num formato que não é o que todo mundo quer ver? Nem o que as redes querem mostrar?

Vira e mexe eu penso: *imagina se grandes artistas de antigamente usassem o Instagram hoje? Imagina se tudo o que eles fizessem fosse validado em tempo real? O que seria reconhecido? O que teria valor de mercado? O que cairia no ostracismo?* Podemos transpor a conversa para hoje. *O que faz sucesso? O que é reconhecido? Quem ganha espaço?*

Resposta: quem faz um trabalho palatável para o maior número de pessoas.

Não sei se estamos num ponto de mudança. Talvez por isso tenha tanta gente cansada da forma como as redes sociais funcionam hoje. Mas sei que preciso ter coragem de me reconectar a elas. Fazer as coisas mais por prazer do que por engajamento. Poxa, quero saber do pensamento, da ideia, do *insight*, do dia a dia, da beleza, da vida. Não queria nos ver encaixotados em formatos só porque os algoritmos ditam assim.

Temos coragem de ir contra a multidão? Conseguimos olhar para dentro e pensar no que tanto desejamos colocar para fora nesse grande palco das redes sociais?

O que você postaria se não pensasse só no que todo mundo quer ver?

_____

_____

_____

_____

_____

Quando tive coragem de continuar

E u sou obcecada por um tipo específico de gente. Fico tentando entender o que me fascina e cheguei a algumas conclusões. Eu piro em quem é muito consistente, tem uma autoconfiança inabalável, é capaz de ser muito fiel à rotina e persiste em tudo o que faz. Você pode pensar: "Caramba, até eu vou virar fã dessa pessoa!" E aí vem a conclusão do raciocínio: "É impossível dar conta disso tudo o tempo todo..."

Sim, ninguém consegue ser tudo o tempo todo, mas as redes sociais estão aí para pegarmos fragmentos de uma personalidade e colocá-los numa caixinha de "fulano é organizado demais", "sicrana consegue dar conta de tudo".

Ainda assim, insisto em gostar das narrativas contadas por essas pessoas. Vejo um valor enorme em seguir, continuar, insistir. Fazer porque tem que fazer, e não porque o momento é ideal, ou a condição é exatamente a que você imaginou.

Comecei a escrever este livro sem parar, até quando os dias foram exaustivos. Mas hoje, semanas depois, já duvido do meu entusiasmo. Será que consigo? Será que tenho tanto a dizer? Então, tento o truque de falar o que está me incomodando... Vai que rende um bom texto?

O que aconteceria se eu escrevesse todo dia durante trinta dias?

Eu preciso me forçar a não desistir. Porque parece que ver o seriado da família Gil é mais interessante. Responder todas as DMs do meu perfil no Instagram também.

A impostora procrastina o que mais quer fazer. Por quê? Às vezes acho que não temos coragem de ver aonde nossa persistência pode nos levar. É mais fácil desistir antes. Assim, não acessamos uma gama de emoções com as quais não sabemos lidar. É melhor não ter constância e nos acostumar com as gratificações instantâneas das redes sociais. É mais fácil ficar na superfície, porque não sabemos o que vamos encontrar nas profundezas.

Preciso levar este computador até para as minhas férias. Não é de escrever que eu quero viver? Então, que eu tenha esse compromisso todos os dias. Até que eu me torne aquilo que admiro nessas pessoas aleatórias que escolho seguir na internet.

Olha lá, a Dani escreve todos os dias desde 2022. Agora, anos depois, já tem vários livros. Com 80 (e, vida, me dê essa oportunidade de viver muito), já não dá para contar quanto material ela já produziu, entre livros, roteiros e tanto mais.

Que eu tenha a coragem de me tornar quem eu quero ser. Que eu consiga me lembrar disso quando estiver prestes a trocar o esforço diário pelo falso descanso das distrações. *Voilà*! E você, o que quer fazer todo dia com consistência para se ver num futuro próximo mais perto do seu desejo?

Coloque no papel os três principais boicotes do seu dia a dia. Reflita sobre o espaço que eles ocupam na sua vida. Analise se é possível fazer novas escolhas.

_____

_____

_____

_____

_____

FALA QUE EU NÃO TE ESCUTO, IMPOSTORA!

A questão racial

Quando falamos que o mundo nos coloca nessa posição de impostora precisamos falar sobre o impacto dos contextos históricos e culturais também. Uma mulher negra pode experimentar o fenômeno da impostora com muito mais força.

"Por estarmos na base da pirâmide social, não tem como não sofrer [mais com o fenômeno]. Vejo por mim, pelo meu recorte. É muito complicado porque não conseguimos perceber o que é o fenômeno, racismo, machismo... Imagina uma mulher trans preta ou uma mulher preta gorda? São várias ciladas", me disse Larissa Araújo, publicitária e criadora do podcast *Afro Pausa*. "Toda criança preta já escutou a mãe falar que ela precisa ser melhor. Sabemos que é muito mais difícil. Não temos direito à mediocridade e não podemos errar. Só temos uma chance. É difícil se desligar disso. Precisamos ser sempre o melhor para não perder essa única chance", completa.

Ela relembra essa sensação. Mesmo fazendo várias coisas ao mesmo tempo, de emprego a projeto pessoal, passando por voluntariado, sentia que a carreira não estava evoluindo. "Espero não me sabotar tanto no futuro", diz. Larissa afirma que vê na terapia e na rede de apoio formas para tentar superar essa sabotagem constante. "Tentar não me cobrar tanto também. Sei que é impossível, mas é o principal."

Essa cobrança pode vir desde a infância, como me contou a jornalista Isis Vergilio. "Eu me lembro do período escolar, quando era menosprezada pela minha aparência, pelo fato de ser negra. Ouvimos coisas que não deveríamos ouvir. Essas coisas nos fazem minguar. Você vai sucumbindo e se sabotando, é um autoboicote muito profundo."

Os impactos disso na vida adulta são pesados. "Tudo que fazemos não é bom, precisa ser aprovado por alguém. O que mais me entristece é ver amigas com projetos fabulosos, aí chega alguém despreparado, em geral um homem, fala meia dúzia de coisas e consegue aprovação... Nós quase nos matamos para fazer algo que temos mais do que condições, muita qualificação. Essa voz sempre surge: será que é isso mesmo? Nós nos desumanizamos. A impostora é desumanizante. Tentamos ser perfeitas, não queremos errar de jeito nenhum."

Monique Evelle, empreendedora e investidora, resgata também esse lugar da infância. "Aprendi a ler e escrever com 5 anos, disseram que eu era inteligente. Mas, com o racismo, eu tinha que ser duas vezes melhor." Ela sabia que conseguiria entregar o que quer que fosse com excelência, mas se questionava: *será mesmo?* "É o mundo que me diz que eu não consigo. Em nenhum momento não consegui." Mesmo sabendo disso, Monique não foi poupada dos momentos de raiva. "Eu jurava que era comigo apenas, coisa da minha cabeça. Pensava: *o mundo me odeia*. Fui me dando conta: tem muita gente que parece com você, que veio de onde você veio, que passa pelas mesmas coisas. Não estava sozinha no mundo da perversidade."

Por isso, ela entendeu logo cedo que verbalizar esses sentimentos a humanizava — e ajudava na identificação de outras pessoas. "A gente precisa destacar que é algo coletivo. Se fosse individual, conseguiríamos tratar. Quando é a sociedade, fica mais difícil. Entendemos a raiz do problema, mas não conseguimos entregar a solução em larga escala."

Na ânsia de abraçar o mundo, vamos acumulando múltiplas funções. Até que chega uma hora em que o corpo diz: *pera aí, não dá mais, chega!* No susto, a gente acaba conseguindo descansar. Monique passou por isso algumas vezes, até se dar conta de que o ritmo que se impunha não era sustentável. "Sou a prova viva de que é possível descansar, pausar, mesmo quando não dá pra recusar um trabalho. Cheguei nesse entendimento quando fui parar no hospital. Fui parar lá duas vezes por conta de esgotamentos emocional, mental, físico."

A primeira vez foi quando ela era repórter do programa de TV *Profissão Repórter*, que trazia pautas sobre feminicídio e outras tragédias. "Não sabia como isso ia somatizar em mim." A segunda foi quando pediu demissão e queria fazer tudo ao mesmo tempo. Ao chegar no hospital, virou para o médico e disse: "Não me deixe morrer." Ele respondeu: "Não se preocupe, é 'só' ansiedade." "Pra mim", disse Monique, "era sensação de morte."

No processo, ela foi aprendendo a distinguir também essas vozes na cabeça. É o fenômeno da impostora ou a síndrome da reclamação e da oportunidade estagnada? "Eu pedi tanto aquilo e vou dizer que estou com medo quando consigo? Quando chega uma solução, reclamamos da solução. É a impostora ou essa da oportunidade estagnada? Tô reclamando demais e não consigo ver uma saída?"

Ela seguiu e segue realizando, hoje com ainda mais potência e escala. Se considera curada? "Jamais. Essa jornada vai continuar até eu não estar mais aqui em matéria." Mas Monique tem um bom exercício para compartilhar. "É bom se perguntar: é sobre você ou sobre o outro? Às vezes, o medo vem do julgamento externo, ainda mais nessa era do cancelamento. Se for sobre o outro, é demanda dele e ele tem que resolver. Já você vai se resolver consigo mesma. Isso vai ser bom não só pra você, mas vai contagiar positivamente outras pessoas. É sobre um exercício de autocuidado, autoamor. Não vamos ter alta performance se não tiver autoperformance."

Para Isis Vergilio, quando entendemos mais sobre a sociedade em que vivemos, conseguimos ser mais generosas conosco. "Tem uma frase da minha terapeuta que diz: 'Acolha seus sentimentos, se abrace.' Nos cobramos tanto uma perfeição, resolver todos os problemas, mas esquecemos que esse carinho com nós mesmas é necessário."

Olhar para o que fazemos bem, comemorar nossas conquistas, reforçar nossas qualidades. Imagina só se conseguíssemos nos ver a partir dessas perspectivas?

Dandara Pagu, comunicadora e influenciadora, resolveu ultrapassar as barreiras da sua trajetória para apostar num trabalho na internet. Como produtora cultural, viu o mercado minguar durante a pandemia e resolveu virar criadora de conteúdo. "Para uma mulher preta ter coragem de falar, de se mostrar pras pessoas... Isso vira um grande monstro que você tem que passar por cima", me disse em entrevista. "Tenho sorte que nasci com cara de pau. Mas fico muito tempo: *nossa, que viagem. Não consigo rever meus vídeos. Nossa, por que falei isso? Olha como minha cara está...*"

Quando a entrevistei, Dandara tinha cerca de 10 mil seguidores. Em 2024, já tinha passado dos 220 mil. "A coisa mais importante é nunca deixar de fazer, porque o não você já tem. Isso considerando o lugar que estou investindo bem forte, de estar nas redes sociais, ser vista. É uma exposição de quem é você por um mínimo segundo. Com a corrida pelo alcance, por quem vai ver." O que a ajudou a fazer vídeos foi apostar na sinceridade — e tentar não ligar para o fato de outra influenciadora aparecer supermaquiada e com muito mais visualizações.

"A forma que eu tento lidar é saber que não foi fácil pra mim. E que me esforço até hoje para me manter. Meu corpo preto, grande, as coisas que falo... Tenho uma defasagem de escrita, mas não quer dizer que não estou me comunicando. Tudo isso é um processo. Tem gente que para aqui: 'Se não sei escrever direito, não vou postar'", diz ela. A Dandara de hoje, que está aproveitando o momento de uma abundância, é uma persona da Robeane, seu nome de batismo, que era da periferia e teve uma infância e uma adolescência marcadas pela violência. "O que me faz conseguir lidar com as duas é ver que passei por isso, mas estou em outro lugar. Me faz ter o pé no chão [...]. Se eu for me cobrar que hoje tenho 10 mil seguidores e escrevo errado, não vou mais fazer. Se tenho 10 mil, com a sinceridade que me proponho, e escrevo algumas coisas erradas porque tive uma defasagem educacional muito grande, isso vai me manter."

Dandara ainda tenta lidar também com a realidade de ter acesso a algumas coisas que a família não tem. "Para muita gente preta que saiu da periferia e conseguiu entrar na classe média de certa forma, é algo que ficamos pensando." Mas reforça que a coragem de conseguir se expor já é um salto enorme. "Eu sinto muito forte. Muita gente chega dizendo: 'Também me senti assim.' Isso cria um vínculo. Você não se sente mais só", acrescenta.

MATERNIDADE: COMO É QUE PODE FALTAR CORAGEM SE A GENTE CRIA UM SER HUMANO?

Coragem de desbravar caminhos

Aos 30 anos, numa viagem com amigos para o Maranhão, proferi a seguinte frase: "Não me vejo tendo filho com uma mulher." Eu falava que conseguia me apaixonar, viver uma relação, mas não visualizava construir uma família. Isso porque eu me achava muito bem resolvida, viu? Achava que já tinha saído dos armários que uma pessoa LGBTQIAPN+ habita. O da família, o do trabalho, o da internet. Ainda assim, fui capaz de proferir tal frase. Quanto preconceito a gente pode direcionar a si mesma?? Ou a frase era apenas o reflexo de uma falta de representatividade no tema? Ou as duas coisas? E muito mais? Como um medo de viver algo fora da normatividade social?

A primeira vez que vi uma família de duas mães foi quando a Cássia Eller morreu. E circulou a notícia de que Maria Eugênia, mulher dela, queria a guarda total do filho que elas tinham juntas, o Chicão. Isso foi ainda nos anos 2000.

Mais adiante, a representação de mulheres lésbicas na mídia não era muito lisonjeira. Lembro de uma novela em que as personagens de Christiane Torloni e Sílvia Pfeifer, que formavam um casal, acabaram mortas numa cena de incêndio no shopping, devido à rejeição do público.

Ainda na viagem, mesmo falando aquela frase, quando fiquei sozinha, pensei: *Se tem alguém que consegue bancar uma decisão dessas sou eu*. A sensação me veio forte. Era como se a coragem estivesse soprando em mim muito antes que eu me desse conta de que poderia me ver assim.

Mas, antes de chegar nessa parte da novela, quero contar das vezes em que tive de ter coragem para sair do armário.

Na primeira vez que saí do armário, eu estava com a minha primeira namorada fazia pouco mais de uma semana quando minha mãe me colocou contra a parede, perguntando se eu estava saindo com uma mulher. Não só respondi que sim como também que a vida era minha e que ela não tinha que se meter. Ela quis me expulsar de casa, e eu olhei para aquela cena confusa e falei que a casa era minha também.

"Mas eu não quero que você sofra. Tenho medo do que essa 'escolha' pode trazer para sua vida". Ouvi bastante essa frase na época, dela e de outras pessoas da família.

Para muitas pessoas LGBTQIAPN+, a primeira vez que enfrentamos preconceito é dentro de casa. E eu gostaria de trazer uma reflexão sobre duas palavras. Quando a família coloca o medo de que a gente sofra preconceito na frente de um acolhimento, quão violento é isso? E quando falam em "aceitação", o que estão deixando de ver? Eu tenho um ranço da palavra aceitação, aliás. Porque, quando falamos nela, abre-se um espaço para que o outro escolha ou não nos aceitar. Contudo, quando falamos em acolhimento, falamos de amor, de respeito, de sermos entendidas como quem somos, sem que haja um desejo de mudança por trás.

O que a aceitação significa para você, aliás?

Para mim, significa ser vista sem julgamento. Significa andar de mãos dadas e não ter que largar em determinados lugares. Significa não ter medo de chegar num destino e agir mais como amiga do que como namorada, porque você não sabe se quem está do outro lado pode te ferir. Significa ir no almoço de família de domingo. Significa naturalizar o que é natural, porque amor é a coisa mais poderosa que existe.

Nunca quis ser "aceita", e sim respeitada, acolhida, entendida, vista.

Vale acrescentar que toda mulher sabe o que é viver com medo. Numa sociedade em que os índices de assédio e estupro são assustadores, é "natural" que tenhamos medo. Duas mulheres juntas, nesse contexto, é quase uma "afronta". Somos duplamente vulneráveis. É necessário que eu faça um recorte: sou mulher, branca, de classe média. Não podemos esquecer, no entanto, que, além de duplamente vulneráveis, há mulheres que ainda sofrem com questões de raça e classe. Existem realidades muito mais opressoras para pessoas LGBTQIAPN+ e precisamos mencioná-las também.

Da segunda vez que saí do armário, eu tinha 35 anos. Apesar de ter tido minha primeira namorada aos 17 anos, foi só aos 35 que convidei a mulher que namorava na época para um almoço de família. Por muitos anos, sempre fui, para minha família, apenas alguém que trabalha. "Dani foi para São Paulo, está construindo uma carreira bem-sucedida." Desde que terminei com um ex-namorado, parecia que nunca mais tinha encontrado alguém. Anos e anos assim, não é possível...

A vida afetiva de uma mulher lésbica pode ficar no armário mesmo que ela saia dele. Precisei de muito tempo e de uma dose de coragem para levar minha namorada, com quem depois me casei, para um almoço de família. Ela foi extremamente bem recebida, exceto por um tio com quem tenho divergências políticas.

Da terceira vez que saí do armário, tive a internet como aliada. Ao dividir um pouco do meu dia a dia com mais gente, colocava ali no conteúdo minha relação também. De novo, naturalizando o que é natural. Mas esse espaço não é tão conhecido para uma parte da minha família formada por pessoas mais velhas.

"Mas não tem que levantar bandeira..." E talvez isso tenha acontecido também porque passei a entender mais sobre o que significa ser uma mulher lésbica. No começo da minha juventude, lá pelos 20 anos, também falava: "Tudo bem ser 'gay', mas não precisa levantar bandeira." Tanto essa fala quanto a que disse no começo deste texto mostram um preconceito enraizado além de uma falta de letramento. Eu, por fazer parte de um grupo minoritário, deveria saber disso desde sempre, mas não. Nós nos construímos e construímos nosso repertório com o tempo também.

Quando conheci a frase "O pessoal é político", atribuída à feminista Carol Hanisch, que popularizou a ideia, tudo fez sentido. Por muito tempo achei que não precisava levantar uma bandeira LGBTQIAPN+. E hoje vejo como é importante ter consciência do nosso estar no mundo, das nossas escolhas, entender como podemos usar nossa voz para falar do que nos afeta e nos importa.

Eu achava que já tinha "saído do armário", mas a cada momento percebo que a saída pode acontecer várias vezes. E que, quanto mais nos expomos, mais conexões criamos, mais conseguimos ver e entender o outro. É essa potência dos encontros, das conversas que dão mais sentido à vida, né?

Quando eu e Laura nos casamos, foi uma festa. Vestíamos vermelho, nossos sorrisos não cabiam no rosto. Postamos a foto no Instagram e foi uma explosão. Tanto amor, tanto acolhimento. Muitas mensagens dizendo: "Caramba, ver vocês casando me mostra que posso construir isso um dia também." Representatividade que chama, certo? Saímos até em revista, junto com outros casais.

Laura, sempre mais assertiva que eu, trouxe o papo da maternidade logo no começo da relação. Eu tinha medo, mas decidimos seguir em frente. Em 2019, começamos o processo. Fizemos fertilização *in vitro*. Para duas mulheres serem mães há muitas opções: inseminação artificial; fertilização *in vitro*, a famosa FIV; FIV cruzada, em que uma das mulheres gesta o óvulo da outra; adoção; ovodoação… Dessa vez, escolhi não dividir o processo nas redes sociais. É muito intenso, cheio de altos e baixos. Deixamos para contar a notícia quando já tínhamos certeza da gravidez. De novo, uma festa. Outra explosão de amor.

Houve também mensagens dizendo: "Nossa, como faz? Quero um dia ser mãe também." Essas mensagens me mostraram que não basta dar um Google para ter conhecimento sobre como duas mulheres podem se tornar mães. Queremos ouvir de uma pessoa que já passou por isso. A gente busca acolhimento e pertencimento.

Aos poucos, fui contando sobre nossa dupla maternidade. Sempre encontrando muito acolhimento. Acho surreal que até hoje não tenha tido haters tão expressivos. Mas isso não quer dizer que tudo são flores. Uma vez postei uma foto nossa, Laura já grávida, durante o Carnaval. Perdi cinquenta seguidores. Cinquenta pessoas resolveram sair da sala porque postei essa foto. Já foram tarde, mas e se fosse no presencial? Machuca, não machuca?

Queria conseguir proteger meu filho de todo preconceito que sei que ele vai enfrentar. Sei que não é possível, mas uma mãe pode sonhar.

Nas primeiras saídas com nosso filho, passei a me incomodar de não ver nenhuma outra família como a nossa. Foi então que resolvi fazer um chamado para criarmos um grupo de WhatsApp com outras famílias de duas mães, em 2021. O grupo deu origem a um encontro. No primeiro, apareceram mais de cinquenta pessoas. No segundo, mais de cem. Nunca vou esquecer do Pedro, filho da Carol e da Simone, perguntar: "Mãe, todo mundo aqui [e nós estávamos no parque Ibirapuera, um dos maiores de São Paulo] tem duas mães?" Carol respondeu: "No parque, não, mas nesta área, sim." Era a primeira vez que ele via tantas famílias como a dele.

O grupo foi se desdobrando em amizades, em outros encontros. Hoje se transformou no Coletivo Dupla Maternidade, uma comunidade com mais de mil pessoas no momento em que escrevo em 2024. Gente do Brasil inteiro, com múltiplas realidades. Fazemos rodas de conversa, encontro presenciais, conteúdo, somos uma rede de apoio umas para as outras, um lugar de acolhimento e de luta também.

O que já ouvimos nesses três anos? "Estar em volta de outras mães e junto com a minha família me fez sentir vista, parte de algo muito maior"; "as meninas do grupo me deixaram para cima, me apoiaram e deram conselhos que nem a minha própria família fez"; "ter encontrado o grupo foi um divisor de águas pra gente, descobrimos sobre clínicas, esclarecemos dúvidas, optamos pelo nosso processo depois de ouvir muitos relatos e trocas nos grupos!"; "me aproximei de famílias que se tornaram parceiras e amigas no dia a dia, trazendo identificação e representatividade para o meu filho". E por aí vai...

Por que eu comecei isso tudo? Pelo meu filho, sem dúvida. Para que ele cresça sabendo que famílias como a sua são muitas e estão espalhadas por todo o Brasil (inclusive, dados de 2023 nos dizem que já existem mais de 50 mil famílias de duas mães). Para que ele conviva com outras crianças com a mesma configuração familiar que a sua (e a coisa mais linda é que já fizemos amizades para a vida inteira a partir desses encontros).

Mas também sigo nesse ativismo porque tenho medo. Nossos direitos são recentes, e quase tudo existe como jurisprudência, e não como lei. Agora até estamos respirando mais aliviados, mas vivemos tempos difíceis no mundo todo. A pauta dos costumes é a primeira a ser levantada quando candidatos que bradam "pela família brasileira" querem ganhar espaço. Em 2023, na Itália, circulou a notícia de mães lésbicas sendo retiradas da certidão de nascimento de seus filhos. Nossa existência é política — e cada vez mais precisamos estar fortes para entender nossa atuação. E sobre famílias, aliás, só podemos falar no plural: pelas famílias brasileiras.

Seguimos com cada vez mais força porque também temos um problema de comunicação. Famílias como a nossa não estão no imaginário, na mídia, na cultura. Ainda contamos nos dedos os exemplos de representatividade. Às vezes só queríamos existir, viver nossas vidas como qualquer outra família. Mas tem como? Infelizmente, não. Então bora fazer disso uma motivação também. Motivação que nos chama para a ação. Vamos resistir coletivamente. Nos fortalecendo para as lutas de hoje e as de amanhã. E, quem sabe, tornando mais fácil o caminho para quem vem depois. Sem esquecer de celebrar o presente, as conquistas, as alegrias que a dupla maternidade nos traz.

Para quem não tinha coragem de ter um filho com uma mulher, não só tenho um como abracei um ativismo em relação à nossa configuração familiar. É sempre tempo de mudar de opinião sobre nós mesmas, de investigar nossas próprias limitações, não é mesmo? É sempre tempo de ter coragem de bancar quem somos. Mesmo que o mundo ainda nos queira à margem, ocupamos os parques, a internet, os almoços de família.

E sabe o que é mais legal? Ver que um bebê é um portal, que ele nos ajuda a abrir caminhos para ser cada vez mais quem realmente somos e, também, para nos mobilizar a fazer as mudanças que queremos ver no mundo.

Da minha parte, sonho que um dia eu deixe de ter medo que meu filho sofra preconceito por ser filho de duas mães. E, por isso, quero cada vez mais gente junto para a gente lembrar da força e do poder de mobilização que a gente tem.

E você, quais caminhos precisou desbravar? E o que isso te ensinou sobre você mesma?

_____

_____

_____

Não é só o seu casamento que está em crise depois da chegada de um filho

Não se engane. Não é porque tem foto de família na rede social que a vida real é um comercial de margarina. A chegada de um filho é avassaladora. Imagine duas pessoas cuidando da terceira 24 horas por dia. Cuidando até quando não estão cuidando, porque existe uma coisa chamada carga mental — e outra chamada logística. Para você não cuidar, alguém cuida. Então... Não tem como não ser intenso e desafiador.

Foi nesse momento que eu e minha mulher nos desconectamos de um jeito que ninguém me contou que poderia acontecer. Ou me contaram, mas não prestei atenção, porque parece que só ouvimos direito quando estamos passando pela mesma coisa, né? Duas mães, poxa, era para ser só sintonia...

Um dia eu acordo mais cedo com o neném, no outro é ela. Nas madrugadas, cada dia é um dia. Sei que vai passar e tudo mais, mas, enquanto não passa... Como ter disposição com privação de sono, gente? Como ter energia para sair e jantar quando qualquer sono que chega mais cedo já ajuda um pouco? "Outro dia a gente vai..." Como sair quando quase não temos vontade? Um filho é um "Deus me livre, mas quem me dera" constante. Queremos momentos longe, mas, quando temos essa possibilidade, muitas vezes desistimos.

Ao meu redor, histórias assim se repetem. Crises, discussões. Todo mundo meio doido e doído, tentando dar um jeito. Ninguém continua o mesmo depois de um filho, e, se não nos reconhecemos nem reconhecemos o outro, como seguir? Ficamos parecendo o John Travolta naquele meme.

Por aqui, a relação começou a mudar quando nosso filho ainda estava na barriga. Eu lamentava que não estava sendo vista, me sentia invisível. Laura estava cheia de hormônios, passando pelos processos dela, e se sentia pouco acolhida. O resultado foi explosivo.

A chegada dele nos deixou numa encruzilhada: como podíamos amar tanto aquela nova vida enquanto nos distanciávamos tanto?

Quis desistir várias vezes.

Quando Laura falava sobre terapia de casal, eu respondia que era um paliativo para um término. Enchia a boca para dizer isso. Resistência e preconceito me tiraram a coragem de olhar para nossa relação como ela merecia. Eu só queria que as coisas voltassem a funcionar, mas não estava disposta a encarar o trabalho que isso daria.

Nesse momento, preciso celebrar a insistência da minha mulher. Mais do que isso: a coragem dela de continuar dizendo sim mesmo diante do caos. Ela não era resiliente todo o tempo, claro, mas apostava, dizia que algo ainda a fazia ficar.

Na primeira sessão de terapia on-line, senti tanto desconforto que não conseguia olhar para a tela. Qual o sentido de contar algo tão íntimo para uma pessoa que nem conhecemos? Mas aí vemos que, quando o profissional é bom, as perguntas desencadeiam muita coisa. E assim foi: a terapeuta já começou perguntando como nos conhecemos, e aquilo acabou nos reconectando. Voltamos para 2016, para os primeiros olhares, para a troca infinita de mensagens, para a admiração. Saímos de lá para o show de uma amiga, num dos poucos vale-nights que tivemos até hoje. Estávamos juntas, éramos nós de novo!

Na segunda sessão, cada uma numa extremidade do sofá de um jeito que ainda ficasse visível para a terapeuta. Faísca, discussão, desentendimento. Não foi nosso melhor momento.

A terceira também foi ruim. Ouvimos uma fala da terapeuta que nos soou preconceituosa. Desistimos de continuar, mas ficou o aprendizado.

Quem diz que filho segura casamento certamente ainda não teve um. Um filho balança as estruturas. É preciso muita vontade de estar junto para empreender uma reforma, consertar as rachaduras, botar um reboco, redecorar, lembrar de comprar flores no caminho. É preciso muita intenção para encontrar tempo, vontade, desejo. Para querer entender quem nos tornamos.

Temos tentado, invocando um pouco de generosidade sobre nós mesmas. Veja tudo o que estamos fazendo! Cuidando de uma criança com presença e amor. O foco foi quase todo para o novo ser que habita a casa, mas nós duas ainda existimos. Será que não vale tentar nos olhar com outras lentes? Tudo mudou. Quem terá coragem de ficar e construir o novo? Mesmo entre discussões de relacionamentos para redirecionar o caminho, seguimos dizendo sim.

Relação dá trabalho e requer construção. Demanda coragem escolher ficar quando uma crise se instaura. É necessário ter determinação e dizer sim mesmo quando não estamos no nosso melhor momento. Então eu celebro que continuamos nos escolhendo. Com paciência para entender que é um processo.

O que me deixa feliz, além do desejo de estarmos juntas, é que parei de resistir ao que podia nos ajudar. Quanta bobagem colocamos na cabeça apenas para reafirmar limitações, não é? Ainda bem que casei com uma mulher que me tira da procrastinação e me puxa para a solução.

E, se você está passando por isso, converse muito e tente chegar nas condições normais de temperatura e pressão. Uma hora elas voltam, me disseram.

O que faz você querer insistir numa relação quando o dia a dia parece jogar contra? A que tanto resiste, mesmo sabendo que pode ajudá-la? E por que vale a pena ficar?

_____

_____

_____

_____

_____

Criar um filho enquanto encontra tempo para criar

Você que é mãe e insiste em achar tempo para sua criatividade tem toda minha admiração. Cada vez que eu estou escrevendo e sou interrompida por alguma demanda do meu filho, passam muitas coisas pela minha cabeça.

Primeiro: *Que foda que a gente é de encontrar tempo para se conectar com nosso talento e com o que a gente mais quer fazer. É potência, abundância, determinação, uma vontade louca de existir para além do novo papel também.*

Depois, penso: *Se eu fosse um pai, seria uma batalha tão grande achar esse tempo para mim?* O que já puxa um patriarcado dos infernos que suga tanto da gente e ainda não reconhece o trabalho do cuidado como fundamental para a engrenagem do mundo como o conhecemos.

Aí logo depois eu penso: *Ufa, que bom ser casada com uma mulher que me ajuda a ter alguns respiros para que eu possa criar.* E aqui nem tô idealizando, tá? É só que rola uma boa divisão, merecemos celebrar.

E, na sequência, a constatação: *A gente faz tudo dormindo picado há mais de um ano!* Guerreiras demais. Penso também em ligar pra agência de babás que a vizinha recomendou, talvez ter alguém aos sábados me ajudasse a concretizar mais desse espaço para mim. Mas que mãe sou eu que quer um tempo para si no sábado, quando deveria ficar integralmente com meu filho, propondo mil atividades? O *looping*, minhas amigas, ele é infinito.

Eu só quero dizer: "Que massa o trabalho que você tá fazendo. O de criar um ser humano e também o de criar o que te faz pensar: *É isso, tô no caminho certo.*"

Você tem conseguido um pouco dessa brecha?

Ser mãe te deu mais coragem?

Ter um filho espantou uma parte da minha impostora. Ele tá aqui, sendo cuidado pelas mães, saudável, esperto, feliz. Como é que vou olhar para qualquer coisa que fiz ou venha a fazer duvidando da minha capacidade? Eu consigo criar um ser humano, isso é poderoso demais!

Talvez mais para a frente eu lide com o fato de que o mundo não quer muito que as mães ocupem espaços. Mas aí vai ser a estrutura, e não mais meu sentimento. Que pode, inclusive, ser hormonal. Tem um quê de sobrevivência mesmo. De ter que dar conta e de se ver a cada dia fazendo isso.

Ser mãe me deu mais coragem. Aconteceu algo parecido por aí também?

Além de coragem, o que mais a maternidade trouxe de potência para a sua vida?

_____
_____
_____
_____
_____

Uma mãe sem culpa por querer existir sozinha

Tem horas que a tampa da panela de pressão parece que vai voar. A gente vai dando conta de tanta coisa, né? É trabalho, casa, filho. Também quer dormir direito, fazer exercício, se alimentar bem. Sem falar nos planos grandiosos que a gente insiste em encaixar no tetris que é a agenda da vida adulta.

E a gente quer inventar de existir nesse meio-tempo? Mulher, queira não... Fique na sua. Exausta, cansada, sobrecarregada. Assim a gente fica do tamanho que o mundo parece querer que a gente fique.

Não tem jeito: a gente quer mais. A gente quer, inclusive, aprender a se cuidar, a descansar, a defender um espaço só nosso, antes de atender a todas as demandas incessantes que nos cercam. E como é bom quando a gente consegue! Uma casa só para a gente. Aquele silêncio do qual tantas de nós sentimos falta. Dá saudade da criança? Claro. Ainda bem que a outra mãe enche o Zap de foto. Vem a culpa? Também.

Mas, quanto mais o tempo passa, mais eu penso: *Eu sou uma mãe melhor quando encontro tempo para mim.*

Dá para ser mãe sem sentir culpa por querer existir sozinha? Talvez seja um bom dia para dizer: livrai-nos dessa eterna culpa, amém!

Eu sinto falta do silêncio

À s vezes eu só quero pensar. Sem ser interrompida. Sem "aproveitar" os intervalos para dar conta das dezenas de afazeres do meu dia. Quero meu espaço para criar. Não com hora marcada nem bunda na cadeira, porque por mais que dê para bater ponto para o que quer que a gente escolha fazer, tem ideia que precisa de tempo e espaço para emergir.

Esses dias acordei 5h30 da manhã de um sábado (socorro). Li um pouco, tive uma ideia, comecei a escrever naquele *flow* gostoso, com a casa toda só para mim, um silêncio… Um tempo depois, meu neném acordou já me chamando pra brincar. E eu fui. Esse convite é irresistível.

Mas aquela vontade de continuar o que eu estava fazendo ficou comigo… Cadê meu tempo que tava aqui? "Meu filho comeu", costumo dizer. Haja malabarismo para seguir sendo a gente quando a cabeça nunca mais foi nem será a mesma.

Se por um lado me vejo capaz de tanto, por outro tem dias em que eu só sinto é muita saudade do silêncio mesmo. *Shhhh…* Dorme mais um pouquinho, neném, que a mamãe quer existir sozinha também.

Coragem para fazer o melhor que dá nos intervalos que temos

Tem dias em que penso que não vai ser possível. Por que insisto em escrever um livro se tenho um filho ainda bebê? Que acorda antes das 4 da manhã, depois de um brunch que durou horas aqui em casa? Será que algum dente está nascendo? Será alguma dor que não conseguimos identificar? O menino berra a ponto de eu achar que os vizinhos podem acordar... E ainda tem uma nuance difícil: neste momento, ele só quer a outra mãe. Precisei de um ano e quatro meses para entender que, em certos momentos, o vínculo com a mãe que gestou e amamentou vai ser maior. Eu que aprenda a lidar com o que, quase como uma criança, interpreto como rejeição.

São 5h38 de um domingo, e penso em como deve ser ter uma rede de apoio abundante e ponta firme. Deixar a criança com os avós e curtir uma noite fora sem culpa. Deixar a criança com os tios e passar um domingo criando, lendo, fazendo coisas que abasteçam o depósito criativo que existe dentro de nós.

Penso que meu cérebro funciona de um jeito muito diferente do que já operou um dia. Queria saber o que teria sido escrever um livro aos 20 anos e outro aos 30. Mas aí eu não seria eu, ou seria apenas um pedaço do que sou hoje. Ainda assim, talvez eu tivesse o que dizer. Nessas idades, eu me importava mais em olhar para fora. Olhar para dentro era um exercício que eu fingia fazer, sem nem mesmo tocar a superfície.

Olho para os domingos e sinto saudade de tudo o que eles já foram. Do tempo precioso que já tive. Dava para maratonar uma temporada inteira de um seriado. Ler um livro inteiro em uma sentada só. Dava para encontrar amigos, cochilar à tarde, e o dia ainda estava longe de acabar. Esses domingos não voltam mais, são preenchidos por um bebê cheio de vida que está aprendendo a tocar pandeiro e dança quando colocamos música.

Queria que fosse possível viver a dualidade de ser mãe enquanto me afirmo e me firmo como escritora. Tenho medo de que os temas da maternidade me rondem mais do que o necessário. Tenho medo de invalidar quase tudo o que escrevi, pois a quem interessa uma escrita que tem tanto de lamento? E se eu escrevesse sobre o que quero sem me ater às dificuldades intrínsecas ao ofício por conta da minha rotina? É quase como se eu não soubesse se sai alguma coisa se eu decidir fazer isso. Só sei escrever sobre o que me atravessa, e, quando sou atravessada por tanta coisa todo dia, parece que essa é minha literatura.

Me percebo entrando num *looping*. Achando que o que tenho escrito não tem valor. Quem vai querer ter acesso a algo tão íntimo que diz respeito a mim? Será que faz sentido para mais gente? Até quando vou escrever? Qual é o momento de parar, deixar na gaveta, deixar esses escritos amadurecerem? Tenho medo de pedir para alguém fazer uma leitura crítica e receber como resposta "infelizmente não faz sentido para mais gente…".

Ao mesmo tempo, sigo no Instagram pessoas que têm uma determinação enorme e colhem os frutos de tanto esforço. Uma dessas mulheres lançou um livro que vendeu 20 mil exemplares. Quando tentou publicá-lo nos Estados Unidos, recebeu cinquenta nãos. Eu repito: cinquenta. Ela mostrou nos stories algumas cartas de rejeição. E também o Excel que montou para ir medindo o progresso. Nele, muitas linhas em vermelho indicavam as negativas. Em verde, o que ainda estava pendente. A certa altura, ela conseguiu a publicação.

Quando vejo tamanha determinação, me confronto com o que falta em mim. Em algum lugar eu queria que fosse tudo fácil, rápido e fluido, inclusive o processo de escrita. Mas de onde vem a ilusão de uma narrativa assim? Pode ser de filme de Hollywood, claro, mas, poxa, eu sou uma mulher mais esclarecida do que isso.

Até onde vai minha determinação para terminar este livro? Para me autorizar escritora para além de um post nas redes sociais? Estou comparecendo a esse trabalho todos os dias e dando o melhor que posso? Tem dias que sinto que sim, tem dias em que escrevo enquanto bocejo e o galo canta. Eu deveria aproveitar para dormir e descansar, mas, depois de uma madrugada difícil, o sono vai embora. Então vou aproveitar para criar o tempo que não existe. Em vez de deixá-lo escapar mais uma vez, vou transformá-lo no melhor que posso.

É preciso ter coragem para seguir em frente. É preciso fazer da maternidade uma catapulta, e não areia movediça. De novo, invejo pessoas que escreveram um livro inteiro no celular enquanto amamentavam um bebê de 6 meses. O cérebro dessa pessoa não foi prejudicado pelo sono entrecortado? O que ela tanto tinha a dizer que era passível de ser escrito com uma mão só?

Tenho lido sobre o tempo, sobre como não apenas o experimentamos, mas como somos ele. Essa ideia levou a outra, sobre distração, sobre como vemos coisas pelas quais nem escolhemos nos interessar. Parece a descrição perfeita da relação que tenho com o Instagram. Meu dedo desliza tão automaticamente pela tela que já não sei mais não consumir o que abala um pouco minha autoestima. Será que eu deveria continuar? O que faço do pouco tempo que tenho quando me distraio mais ainda? Quero ter coragem de seguir sem me distrair pelo caminho, que é o que eu venho fazendo a vida toda.

Há uns meses, no Recife, tive a sensação de que estava aterrando em mim. Que passei a vida inteira ansiosa, querendo viver o que eu estava vivendo enquanto vivia mais outras possibilidades também. Queria devorar o mundo, mas talvez não quisesse saber tanto sobre mim mesma. Me lembrei de uma ex-namorada que lamentava ter me conhecido numa época da vida em que amigos, festas, experiências eram muito mais importantes que a dedicação a uma parceria amorosa. Ultimamente, parece que a entendi. A caminhada é longa, mas, quando chega num ponto em que começamos a ficar confortáveis com quem somos, parece que começamos a entender um pouquinho mais as respostas de que precisamos.

Sou mãe agora. Uma mãe que escreve. Também sou escritora — que talvez não tenha todo o tempo do mundo, mas tem muito a dizer. Espero que minha falta de tempo não me prive de ecoar minha voz. Eu preciso continuar, seguir, insistir. Talvez precise levantar às 5h30 quando meu filho ainda dorme. Só para ter um tempo todo meu e ver o que jorra da minha cabeça direto para o teclado do computador.

Como você tem existido nas brechas de tempo que te sobram?

Talvez seja isso: só fazer, em vez de pensar tanto. Fazer mesmo que haja uma leve taquicardia ao pensar que daqui a pouco o menino vai acordar. Quando ele acordar, que eu seja a mãe mais legal para o dia dele. Enquanto ele estiver dormindo ou não estiver sob os meus cuidados, que eu seja a escritora possível. Se consigo criar tão bem um ser humano, é óbvio que vou conseguir escrever um livro.

Você consegue olhar para o que te atravessa menos como falta e mais como potência? Como você tem equilibrado seus múltiplos papéis?

A maternidade foi a melhor coisa que me aconteceu

A maternidade me transformou para sempre. E me fez ter uma vontade entranhada de cuidar de mim, para que o que eu tenha a oferecer seja o mais próximo do melhor que eu puder. Não para ser perfeita, isso é daquelas bobagens que tentam nos vender, mas para ser aquela pessoa em eterna construção, uma buscadora. Tenho uma infância em minhas mãos. Existe algo mais precioso que isso? O que posso fazer por ela? Como posso me abrir para descobrir as respostas, inclusive, a partir do que meu filho me apresenta?

Meu filho me transformou em alguém que sente prazer em fazer exercício num sábado de manhã. Eu quero viver bem e saudável e acho lindo que ele me acha forte. Que conquista!

Meu filho me fez querer parar de perder tempo. Não posso me importar com o que não é digno disso.

Meu filho me deu um sentimento de urgência, outro de propósito.

Meu filho me arrancou a superficialidade.

Meu filho descortinou um olhar profundo sobre qualquer aspecto da vida (e, meu Deus, às vezes queria tudo mais simples, confesso).

Meu filho me tirou do eixo. Bagunçou tudo. Berenice, nós vamos bater? Segura!

Meu filho é um pedaço de mim que me põe em movimento. Me chama para brincar, para estar presente, para redescobrir o mundo.

Meu filho é tanto do que eu precisava (e, por tanto tempo, tive medo de bancar o desejo).

Meu filho é aquela aventura para a qual a gente diz sim sem saber direito aonde vai chegar, onde vai se hospedar, por onde vamos passear. E, de repente, vira a melhor viagem de todas.

Meu filho é um espelho, para o qual olho todo dia e, com aquela encarada tão profunda aos 2 anos de idade, me sinto chamada para olhar para mim e entender tudo o que ainda preciso descobrir.

Meu filho é meu sim absoluto. Fonte de vida incessante.

É grandioso demais. Como não temer? Dói um tanto porque a gente não se despede facilmente de quem já foi, por mais que anseie tanto por encarnar nossa nova versão. Mas esses textos vocês já leram aqui. E hoje eu quero falar só de amor. Porque tem dias que isso é tudo de que a gente precisa.

E você, como a maternidade te transformou e transforma?

_____

_____

_____

_____

_____

Não tenha filhos

Bombou nas redes sociais um texto em que um pai falava que tinha sido convidado para falar na escola dos filhos e dizia, entre outras coisas, que as famílias parecem estar perdidas, omissas e distantes — e que, se elas estão assim, talvez fosse melhor repensar a parentalidade.

O que me fez refletir.

Durante a gravidez a gente ouve: "É preciso uma aldeia pra criar uma criança." Quando o neném chega, opa, uma pandemia. Cada um mora na sua casa, distante e com agendas cheias.

Não tenha filhos se você não quiser entender que quase todos os problemas que enfrentamos se devem a um sistema desigual que nos explora e cobra além da conta.

Não tenha filhos se você não quiser entender sobre o patriarcado.

Não tenha filhos se você não quiser entender sobre a economia do cuidado.

Não tenha filhos se você quiser colocar como problema individual questões estruturais.

Não tenha filhos se você não quiser entender que a infância precisa ser mais bem amparada para além do núcleo familiar.

Não tenha filhos se você não quiser olhar para sua saúde pensando em longevidade. Você vai precisar construir músculos, comece logo!

Não tenha filhos se você não quiser cuidar da cabeça, se não quiser olhar para a própria infância.

Não tenha filhos se você não quiser quebrar qualquer ideia de perfeição. Parentalidade perfeita? Só no Instagram.

Não tenha filhos se você acredita que está tudo bem se as pessoas precisarem abdicar da vida para ter filhos.

Tenha filhos se você acredita que juntos podem ajudar a construir uma realidade onde ter filho e ter uma individualidade são opções que convivem bem.

Tenha filhos se você quiser ressignificar sua ideia de tempo. Já falei algumas vezes: "Onde está o tempo que estava aqui? O bebê comeu." Mas se tem algo mais fascinante do que acompanhar o tempo de uma criança, ainda não descobri. É lindo, mas tem horas que a gente tem pressa. E tudo bem.

Gosto da ideia de que a gente vive junto e se dá bem. Que família é construção. Que a experiência envolve mais gente e, por isso, é única e imprevisível. Lembra que sua mãe e seu pai, suas mães, seus pais estavam/estão crescendo enquanto criavam/criam você. Todo mundo está fazendo o melhor que pode. Sendo mãe e sendo muito mais também. Ainda bem!

O presente é a presença

Desisti de um curso porque me dei conta de que estava colocando mais nos meus dias do que cabia. Ô mania, né? De quantas formações uma mulher precisa até achar que está preparada o suficiente? Passei uns dias achando que não devia desistir, principalmente porque era algo que estava fazendo por mim. E como a gente é boa em se deixar para depois...

Conversando com uma amiga, ela perguntou: "Mas você tá conseguindo desfrutar?" E eu falei: "Não muito..." Pra quê, então, né? Em um outro momento volto, quando couber, quando der prazer. Deixei de ir para a aula e disse sim ao convite do meu filho naquela noite: "Mamãe, vamos fazer cabaninha?" Fizemos uma enorme, dei a ele um livro novo que tinha comprado. Ele gostou tanto que, juro, li umas quinze vezes. Brincamos um monte, até ele ficar com sono. Perguntei se ele queria dormir na cabana, ele quis. Ficou agarradinho comigo, foi fechando os olhos e logo adormeceu (geralmente é uma luta).

Fiquei pensando no quanto eu estava precisando daquela brincadeira também. O quanto às vezes tudo que a gente precisa é só estar presente. Pode ser na maternidade, pode ser na vida. Só estar, viver, seguir. Responder aos convites que importam.

Filho tantas vezes é um trabalho tão incessante que a gente presta mais atenção se "comeu/tomou banho/escovou os dentes/tá com a fralda limpa" do que nessa coisa gostosa que é ficar junto. Tenho tido vontade de brincar mais com meu bebê — e comigo também.

Do que você desistiu recentemente para ficar presente no que importa de verdade?

_____

_____

_____

_____

_____

A mãe é um eterno projeto de "agora eu vou conseguir"

A gente insiste, mesmo quando não dorme. A gente tenta, mesmo quando a virose chega e bagunça a semana toda. A gente almeja, mesmo quando o dia a dia pressiona. A gente faz do jeito que dá. A mãe é um eterno projeto de "agora eu vou conseguir".

Não sem sentir frustração todo dia. Em todos os níveis. Primeiro de querer mais do que só a maternidade. Já é tanto, pra que mais? E, afinal, passa tão rápido. Como disse a Hariana Meinke, comunicadora e mãe do Bento, "cada dia é uma despedida". E dá vontade de parar o mundo só para observar um ser humano existindo.

Mas nunca seremos iguais a quem somos hoje também. E o que a gente faz com os planos todos? E os desejos? E a nossa existência? Ir ao teatro numa sexta à noite sozinha sem que isso seja uma grande operação logística? Que saudade da simplicidade de um plano de última hora.

A mãe ainda inventa de estudar, porque suficientemente boa só na maternidade mesmo, no resto a gente não cansa de querer se aprimorar.

Talvez a gente queira fazer mais do que é possível, eu sei. Mas continuar querendo nos lembra de que ainda somos nós, mesmo com toda a revolução que um filho traz. Que uma noite maldormida não impacta nosso cérebro, por mais que tenha dias em que a gente pareça derretida.

Todo dia um pratinho cai, mas no dia seguinte a gente equilibra de novo. E oscila entre a frustração e o "eu sou foda pra caralho de fazer tudo isso enquanto crio uma criança massa pra este mundo".

Depois que a gente vira mãe enxerga as outras com uma profundidade que faz uma troca de olhares dizer tudo. A gente se vê. Eu vejo você. E eu espero que, quando você vir uma mãe, jamais diga que ela está com cara de cansada, a gente já sabe. Pode mandar uns cremes bons e uns procedimentos na dermato, combinado? O que eu quero que você veja são as estruturas que eu e todas nós vamos erguendo pra ser quem a gente dá conta de ser. Porque quero ser a melhor mãe que eu puder, claro, mas sem desistir de mim no meio do caminho.

Escreva sobre o quanto você tem sido incrível desempenhando seu papel de mãe.

_____

_____

_____

_____

_____

Neste exato momento cada mulher enfrenta uma batalha

Neste exato momento, uma mulher está exausta de "dar conta de tudo".
Neste exato momento, outra mulher espera o resultado de um exame.
Neste exato momento, uma mulher chora a perda da irmã.
Neste exato momento, outra mulher busca um novo tratamento para seu filho, que tem uma síndrome rara.
Neste exato momento, uma mulher não reconhece a pessoa com quem um dia se casou.
Neste exato momento, outra mulher perdeu o emprego.
Neste exato momento, uma mulher começou a tomar remédio para ansiedade.
Neste exato momento, uma mulher duvida da sua capacidade.
Neste exato momento, outra mulher sofre por não ter tido êxito em tentativas de fertilização.
Neste exato momento, uma mulher se olha no espelho e quer mudar quase tudo o que vê.
Ao mesmo tempo, neste exato momento, uma mulher se apaixona.
Neste exato momento, outra mulher que cuida também é cuidada.
Neste exato momento, uma mulher começa a estudar para um dia ter a carreira que sonha.

Neste exato momento, outra mulher acredita que vale apostar naquele casamento.

Neste exato momento, uma mulher prepara o ninho para receber seu primeiro filho.

Neste exato momento, outra mulher chega a lugares na carreira que jamais imaginou.

Neste exato momento, uma mulher se liberta, se diverte, sente prazer.

Neste exato momento, outra mulher se olha no espelho e se acha uma grande gostosa.

Neste exato momento, uma mulher escreve.

Neste exato momento, outra mulher se enche de coragem — e, assim, carrega um pouco de todas as outras junto.

Ainda assim, neste exato momento, quantas mulheres se sentem esmagadas pelas forças que nos querem pequenas, contidas, caladas?

Cada uma enfrenta as próprias batalhas todos os dias.

Neste exato momento, eu só queria que a gente conseguisse abraçar a complexidade que carrega.

Neste exato momento, meu desejo é que a gente esteja junto de quem soma.

De quem liga, de quem escuta, de quem acolhe, de quem partilha. De quem deixa um banho de ervas na porta de casa depois de um dia difícil.

De quem se desconstrói, de quem aprende, de quem ensina, de quem abraça e abre caminhos.

FALA QUE EU NÃO TE ESCUTO, IMPOSTORA!

A impostora e a maternidade

Já abordamos como o fenômeno da impostora nos impede de ocupar o espaço que queremos e merecemos. Mas essa voz que insiste em habitar nossa cabeça pode ir muito além. E demorar, também, a ser identificada. "Só identifiquei ela dentro de mim depois dos 40 anos, mas ela sempre esteve comigo", conta Patty Durães, pesquisadora de culturas alimentares. "Já deixei de entrar em relacionamentos que achava que não eram pra mim. Isso foi tão forte que dei meu primeiro beijo com 18 pra 19 anos. Até então achava que o amor não era pra mim, que o afeto não era pra mim. E isso vem em relação ao racismo", relembra. "Depois, deixei de aceitar cargos no trabalho, de fazer algumas viagens, de dançar na frente de algumas pessoas. Me perguntavam: 'Você sabe sambar?' Eu respondia: 'Não, não sei.' Isso para não ser colocada no lugar de mulher negra que sabe sambar."

Patty acaba sendo cética e acredita que esse medo vai caminhar com todas as gerações. Mãe de duas, ela reforça a importância de as meninas entenderem o que acontece. "Converso com elas sobre seus sentimentos. Sobre medo, coragem, insegurança." A maternidade acaba ensinando muito também. "Não dá pra romantizar. É exaustivo. Por mais que exista parceria e troca, sempre tem um lado mais sobrecarregado", pondera. E como lidar com isso? "Tente sair de cena um pouco, delegue para alguém. Mãe adora dizer que dá conta. É uma frase horrorosa. Ninguém dá conta de nada sozinho. Tem um provérbio africano que diz que é preciso uma vila para criar uma criança. Não é só a família, mas os amigos, os grupos de mães. Tá tudo bem, você é uma mãe excelente, só está cansada."

Ela reforça que precisamos aprender a ser gentis conosco, mais generosas. "Reconheça sua força, suas riquezas, sua sabedoria. E converse. Precisamos falar sobre os sapos que engolimos."

E quando a impostora muda de país? Ela também se faz ouvir em outra língua?

Joanna Moura é publicitária, escritora e criadora de conteúdo. Há alguns anos, mudou-se para a Inglaterra e precisou ressignificar muita coisa.

"A carreira da gente é construída tijolinho por tijolinho. A sensação que dá quando você muda de país é que derrubaram todas as paredes", me disse em entrevista, lembrando da dificuldade de conseguir emprego, competir com quem nasceu no país, que tem uma rede de contatos e o repertório cultural. "Você começa a se confrontar com todas as coisas que as pessoas têm e você não."

Quando se mudou, ela imaginou que sentiria um choque cultural, mas a ficha demorou a cair. Por um tempo, ela achava que "só" era muito ruim no que fazia. "Resolvi virar pro meu chefe e abrir o jogo: estou me sentindo um cocô, acho que não sei fazer nada do que você está me pedindo. Quando expus minha frustração e minha fragilidade, ele começou a ser mais transparente. Quais eram as barreiras que não estávamos conseguindo quebrar? A impostora é uma profecia que se cumpre. Quando me abri para receber algum feedback positivo, entendi que estava fazendo algumas coisas certas."

E aí veio a maternidade, outra mudança de eixo. "Ter ficado um ano sem trabalhar, de licença, mexeu muito comigo. Voltar com a pressão interna de performar, fazer com que a mãe que eu estava sendo, dedicada, convivesse com a profissional dedicada foi muito louco, porque não cabe no dia. Fica uma sensação de estar fazendo tudo meia boca, sem se entregar pra nada. Enquanto você está em um lugar, fica com culpa de não estar no outro. E vice-versa. Fiquei com dupla impostora, como profissional e mãe", diz ela, que com o tempo foi encontrando o ritmo.

Aliás, esse tópico maternidade e carreira rende uma discussão grande, né? "Você tem essa necessidade de voltar ao ambiente do trabalho e uma vontade muito grande de ficar perto da cria. Todos perguntam: 'Você vai parar de trabalhar agora? E quando ela crescer?' É uma pressão: se não voltar ao trabalho agora, vai perder sua carreira. Como o trabalho materno não é reconhecido como trabalho… É cruel o mercado dizer que não quer te contratar. Mas e todo o trabalho que você teve ao criar um cidadão?"

Para se reconstruir, Joanna aposta no diálogo com outras mulheres. "A partir do momento que vemos que outras mulheres, que consideramos muito autoconfiantes, passam pelo mesmo que nós, começamos a nos colocar de igual pra igual. A rede social pode ser um ambiente pernicioso, que alimenta a sensação de fraude, impostora… Gosto de fazer coisas em que sei que sou boa. Tento depositar minha energia em algo que vai me trazer conforto emocional, em algo que eu possa contribuir. Vale olharmos para esse lado, alimentar essas nossas fortalezas."

Quanto mais ouvimos sobre as jornadas de mais mulheres sobre o fenômeno da impostora, mais nos damos conta de como o que atravessamos é parecido. As realidades podem ser distintas, os momentos de vida também. Mas a gente se encontra nessa dúvida constante, nessa necessidade de autoaprimoramento eterno, nessas vozes que insistem em habitar nossas mentes.

Mas que bom que cada vez mais a gente conversa sobre isso. Que a gente não tem medo de se mostrar frágil, que a gente entende a força que existe quando a gente decide dividir nossas histórias. Só assim para a gente conseguir chegar mais longe.

LUTO:
E A VIDA NUNCA MAIS FOI A MESMA

O que a morte faz da gente

A morte me roubou o prazer. Eu não podia ser feliz, já que a vida do meu irmão tinha sido interrompida. É "fácil" escrever isso quase dois anos depois. Depois de ter feito tanta coisa para sair do buraco onde quase me enterrei junto. Parece que só agora a terra se descortina um pouco diante dos meus olhos.

Eu não podia ser feliz, mesmo que uma vida nova me chamasse. Eu tinha que me privar. Nunca passei tanto tempo em casa. E, por mais que goste disso, não é só disso que sou feita. Nunca vi tão pouco meus amigos. Como me comunicar com eles, se minha linguagem parecia intraduzível?

A morte me tirou meu irmão e um grande pedaço de mim. Nunca mais fui quem eu já tinha sido. Ao mesmo tempo em que ainda não sei bem quem me tornei. E como é difícil trocar de pele enquanto precisamos ficar "funcionais".

A morte me deixou perdida. E que esforço gigante colocar esse GPS no lugar. Para onde a gente volta quando qualquer certeza deixou de existir?

A morte me deixou cheia de culpa. Como poderia continuar vivendo e me alegrando e desbravando o mundo se quem eu tanto amava foi privado de tudo isso tão cedo?

A morte me deixou de mal comigo. Olhando o copo meio vazio. Me vendo triste, para baixo e cheia de problemas que pareciam não ter solução.

Mas aí a morte me fez cuidar da minha saúde pela primeira vez. Ainda tenho um longo caminho pela frente, mas já não posso dizer que estou no mesmo lugar que estive nas últimas décadas.

A morte também me deixou com um senso de urgência que atravessa todos os meus dias. "Sei que nada será como antes amanhã."

A morte extirpou a banalidade e encheu cada momento de uma profundidade que às vezes até cansa, mas de onde não dá para fugir.

A morte virou uma companheira. Uma sombra, mas também uma orientação. Um buraco, e também um rumo. Uma fenda, e também um guia. A morte ainda me entristece todos os dias, mas me torna cada vez mais quem eu realmente sou.

Quem você era antes de a sua vida mudar para sempre?

_____

_____

_____

_____

Quando você precisou de coragem para seguir?

Meu irmão morreu um mês depois de o meu filho nascer. Essa frase tão curta carrega uma jornada de transformação que até agora, anos depois, ainda está em curso. Se eu tivesse o poder de impedir que alguém passasse por algo parecido, eu o usaria. Porque a brutalidade da maior dor da vida vir acompanhada da chegada do maior amor da vida nos transforma para sempre. Eu nunca mais fui a mesma. Tive de fazer um luto de quem eu fui a vida toda enquanto aprendia a ser quem estou me tornando agora. Caramba, roteirista, precisava dessa intensidade toda?

Meu filho me impediu de ir ainda mais fundo no luto. Me lembro de quando o ninava ao som de "Beautiful Boy", de John Lennon. Ainda estávamos no Recife, onde passamos um mês depois do enterro (obrigada pela acolhida, Ari, Renan, Luiza e Francisco, nunca esqueceremos). Eu chorava tanto, pensando que meu irmão não conheceu meu filho — e ainda deixou um filho de apenas 1 ano. O sobrinho que eu amo como um filho.

"I can hardly wait to see you come of age / But I guess we'll both just have to be patient" [Em tradução livre: Mal posso esperar para ver você crescer / Mas acho que nós dois teremos que ser pacientes]. Uma vida interrompida, enquanto duas crianças crescem e hoje já falam tudo. Como queria ver meu irmão sendo pai por muitos anos. Ele seria sensacional. Levaria Guido para andar de bicicleta pelo Recife, ensinaria sobre orquídeas... O menino já seria fã de Mozart e Beethoven — e de Priscila Senna também.

Como eu queria ver meu irmão sendo tio do meu filho. Quando vejo traços dele no rosto dessas duas crianças, percebo que é um jeito doido de a vida dizer que tudo vai ficar bem.

Foi tão difícil. Eu precisava cuidar de um bebê recém-nascido, que eu já amava tanto, mas que ainda estava conhecendo — e lamentando conhecê-lo naquelas circunstâncias. Meu irmão morreu "do nada". Passou mal, foi internado, ia passar por uma cirurgia de ponte de safena, mas teve um infarto antes. Ele tinha apenas 44 anos. A dor foi um abismo. Ainda é.

Eu tinha muito medo de ser uma mãe triste. De só cuidar sem conseguir me conectar com meu filho. Durante o *burnout*, acho que não consegui. Mas me dediquei a cuidar de mim mesma, a fim de me reconectar. Meu filho é um parceiro maravilhoso. Lemos juntos, brincamos, cantamos, dançamos, gargalhamos, passeamos. Eu agradeço pela existência dele me dar forças para insistir na vida.

O trabalho me ajudou também. Tive que voltar logo. "Banalizei" um pouco esse retorno, como me sugeriu uma ex-chefe que virou referência. Só comparecia quando tinha algo a fazer, colocando mais elementos no meu dia a dia, me distraindo da dor. Luiza, minha sócia (e também amiga, comadre e vizinha), foi fundamental para acolher essa parceira que estava precisando dar conta de tanta transformação, enquanto a empresa crescia e demandava passos até então inéditos.

De novo, parece que a vida capricha no tudo-ao-mesmo-tempo-agora, né? Eu só consigo pensar na sorte que é ter encontrado as pessoas certas com quem dividir a existência e os trabalhos.

Lembrei que foi o trabalho que me resgatou em outro momento de muita dor, quando minha tia, uma das três mulheres que me criaram, foi brutalmente assassinada. Eu fazia estágio numa ONG que tratava de direitos das crianças. Passado o enterro, quis voltar logo, porque aquele parecia o trabalho mais importante do mundo. E era. Me agarrei a ele para manter alguma sanidade. Porque sabia que tamanho trauma poderia ser um divisor na minha vida. Eu queria que minha tia, de onde estivesse, se orgulhasse de mim.

Nesses dois momentos, precisei de muita coragem para seguir. Talvez essa relação com o trabalho tenha até ficado desmedida pela maior parte do tempo. Mas também me fez ter ótimas experiências, não dá para negar. Talvez eu tenha deixado de olhar para minha dor porque a vida ia trazendo novas cenas o tempo todo. A certa altura, aprendi que precisava botar a máscara de oxigênio primeiro em mim. Às vezes esqueço isso, mas, quando me priorizo, tudo flui melhor.

Esses dois marcos me doem e me definem, mas também acabam me mostrando que sou mais corajosa do que conto para mim mesma. Haja força para continuar. Sem fazer das dores um estandarte, mas honrando o privilégio de termos dividido grande parte da vida com quem não só nos ajudou a ser quem somos, como também se incrustou para sempre no que nos tornamos.

Qual foi o momento em que você mais precisou ter coragem? Quais momentos mudaram tudo na sua vida e fizeram com que você se tornasse quem é hoje?

_____
_____
_____
_____
_____

Exercícios para alargar os espaços dentro da gente

Hora de pegar o papel e o lápis e começar a tentar tirar de você um pouco dessa dor. Seja do luto por perder alguém fundamental na sua vida, seja pelo luto de ver que sua vida tomou um rumo que você não esperava. Seja pela vontade de tentar entender um pouco mais do que se passa aí dentro.

Qual foi a dor que mudou sua vida para sempre?

Impossível não lembrar da grande amiga que perdeu o filho quando estava com 41 semanas de gestação. Da outra que enfrentou um câncer. De algumas que enfrentaram a doença, na verdade. Daquela cujo filho nasceu prematuro extremo e teve que passar um tempo longo na UTI.

Às vezes tenho a impressão de que, quando a dor acontece, de imediato as pessoas ao redor têm repertório para acolher, perguntar, cuidar. O tempo vai passando, e a gente vai ficando mais sozinha com nossos processos. Sendo que só a gente sabe a jornada que enfrenta para descobrir quem vai se tornar após esses episódios.

Então, eu gostaria de te ouvir, de te ler.

O que a dor fez com você? Como você se reergueu? Quais foram as partes mais difíceis desse processo? Você já conseguiu encontrar alguma beleza também? Sente que, apesar de tudo, esse episódio deu a você mais coragem para lidar com a vida?

_____

_____

_____

_____

_____

O luto é uma fantasia

Recife é gatilho. É a minha cidade, mas também não é a minha cidade há quase 18 anos. É, completamente, a cidade do meu irmão. Estando lá, parece uma mentira de mau gosto que a gente nunca mais vai se ver de novo. Fico espantando esse pensamento, quase finjo que é um conflito de agendas que impede nosso encontro. Passo por aquela esquina onde compramos um chapéu de palha numa manhã de Carnaval e penso em como as lembranças vêm de forma tão aleatória. Tenho medo de ir esquecendo o que vivemos juntos.

Vejo o encontro do meu filho com meu sobrinho, e eles estão tão grandes! Se juntam e já começam a brincar. Parece que sabem o quanto essa ligação fortalece demais toda a família. Continuação, continuidade. É tão absurdo que meu irmão não esteja ali para ver. Para ser o pai massa que ele foi por tão pouco tempo. Tempo, aliás, que passa de um jeito diferente quando estou na cidade.

Percebi que ir no Carnaval me ajuda a me conectar com a alegria que por tanto tempo ficou esquecida. Ensino "Eu acho é pouco, é bom demais!" para Martin, ele canta, depois diz que está dançando frevo. A minha cidade, na verdade, vai ser sempre a minha cidade, e eu volto e quero voltar mais porque quero que seja a cidade do meu filho também. Da família que fica toda feliz de ver o quanto ele está esperto, falando tudo, se divertindo, uma figura.

Na minha imaginação, um dia meu irmão volta para ver tudo o que a gente tem se tornado, para nos acompanhar em toda a vida que a gente tem insistido em viver. O luto é uma fantasia. Ou seria um delírio? Que deixa a gente perdida, fazendo da cabeça um amontoado de cenas que a gente vai encadeando para dar conta da falta de sentido que essa ausência gritante faz.

Como eu queria brincar um Carnaval com você de novo, Léo... Já que não posso, me alegro com cada abraço que teus amigos me dão no meio da folia e da farra, com cada "ele lembra tanto teu irmão" que ouço, com as fotos nossas que só consigo ver de relance, com os frevos que tu amava e que me fazem chorar no meio do bloco — e a gente sabe que quando chora ouvindo "A nossa vida é um Carnaval, a gente brinca escondendo a dor..." é porque o Carnaval já começou.

Quais são as lembranças mais bonitas que você compartilha de quem já não está mais aqui?

_____

_____

_____

_____

_____

Quem quer ver alguém triste na rede social?

Ninguém é infeliz no Instagram por muito tempo. Dá até para ficar mal, sofrer um pouco, compartilhar o processo. E ficar aliviada de ler que a pessoa que você gosta de seguir superou tudo. Bola pra frente, a vida é feita de altos e baixos, algumas noites são longas, mas o amanhã sempre chega etc.

Mas e quando a melancolia insiste em ficar mais um tempo por perto? A tristeza nos deixa numa frequência mais baixa, fica difícil ter o que compartilhar.

Tenho pensado nisso porque vivo um luto muito dolorido. Passei um tempo sem conseguir criar conteúdo. Demorei sete dias para responder a mensagem de WhatsApp de uma amiga, e não é que falei muito, foi mais pra zerar as mensagens não lidas, sabe?

Quem quer ver alguém triste na rede social? Dá para ter uma tristeza constante e ainda continuar existindo na internet?

Parece que a rede social pede redenção. Você condensa num post um processo inteiro, de preferência com tudo resolvido. Esses dias vi um tweet que dizia assim: "Saudade da rede social do exagero, quando as pessoas iam a uma festa, postavam muitas fotos, logo tinham comentários com piada interna, aquela alegria. Hoje as pessoas postam uma vez a cada seis meses e fazem a linha meio misteriosa, anunciando: 'tivemos um bebê.'"

A gente pesa tanto o que coloca nas redes que corre esse risco. Sinto falta de mais vida real, mais bastidores, mais processo. Todo mundo é feliz, menos eu? E, gente, eu sou muito feliz em diversos aspectos da vida, "só" carrego uma dor junto comigo. E fica difícil só trazer coisas legais e significativas quando quero jorrar essa tristeza pelo teclado...

Um dia li um texto que dizia: "Três passos para superar um *burnout*". Não tem post certo que dê conta de um esgotamento que vem da falta de limites que a gente deixou de colocar na vida. A gente quer o post sobre a superação do *burnout*, mas quer ler quem fala que está tentando superar um?

Quanto mais o feed só mostra conteúdo engraçado, esteticamente impecável, com viagens idílicas ou então alguma treta viralizável, mais eu penso: lascou. Porque o que eu tenho pra dar agora é só quem eu sou agora, e talvez minha versão atual não seja tão "instagramável" assim.

Se a sua vida fosse um filme, em que parte estaria agora? Nos filmes o tempo passa rápido, na vida real a gente sabe como demora. O que você tem enfrentado de mais difícil hoje? Já consegue ver algum aprendizado no processo? Como seria sua personagem se ela conseguisse sentir mais leveza e alegria?

_____

_____

_____

_____

_____

Eu vejo a sua dor

Essa mensagem vai para quem já perdeu alguém. Para quem perdeu o chão, o norte, o amparo, o guia. Para quem vive de saudade todos os dias. Essa mensagem vai para quem perdeu outro alguém há muitos anos, perto do Natal, o que para sempre fez dessa data um gatilho. E gatilho é uma loucura, qualquer coisa pode ativá-lo, trazendo junto aquele choro doído.

Sim, dá para ver o lado bom das coisas: "Agora que você tem criança tudo vai mudar." Talvez mude, talvez não mude, porque chorar nossos mortos é também honrar a importância deles nas nossas vidas.

Essa mensagem vai para quem brigou na véspera da morte com a pessoa com quem nunca mais vai falar.

Para quem não tem um relacionamento bom com a família.

Para quem não é "aceito", drama de tantos LGBTQIAP+.

Para quem perdeu o emprego.

Para quem teve planos frustrados.

Para quem não tem a mínima certeza do futuro.

Eu vejo você. Eu vejo a sua dor. Eu também sou um pouco você.

E sabe o que fico repetindo? Que esse dia difícil é só mais um dia, a gente só precisa tentar passar por ele. Fica complicado com a avalanche de felicidade que inunda as redes sociais, a TV, os shoppings. As fotos que a gente vê traduzem o espírito do Natal: amor, união, vontade de estar junto.

Mas tenta imaginar além. Por trás do sorriso pode existir uma batalha que você nem sabe que está acontecendo. Tenta cuidar de você. Se acolhe, se abraça. A gente só tem a gente mesmo nessas horas. Dói demais, eu sei. Chora sem medo de ficar com a cara inchada, deixa vir tudo que você está sentindo. Não caia nessa de performar que está bem. Recolha-se se for preciso. É só mais um dia. Um dia em que o mundo inteiro se mobiliza para que você queira mais de tudo, de gente a presente, passando por comida.

Aliás, o que vai conectar você àquela memória afetiva que traz conforto? Um biscoito amanteigado como sua tia fazia, um salpicão como o da sua avó? Você sabe bem que ia gostar de uma batatinha com Coca...

Honra a tua tristeza. Essas datas podem ser especialmente difíceis. Escreve, ouve música, coloca o pijama e deita mais cedo, vê um filme bem bobo de Natal. Em meio a tanta alegria também pode existir dor. E a gente pode passar por isso juntas. Se eu pudesse, abraçaria você agora.

Quais foram os três maiores aprendizados que quem você perdeu lhe deixou?

_____
_____
_____
_____
_____

Quantos domingos ainda teremos na vida?

Eu adoro domingos, menos quando chega o fim da tarde. Bate uma melancolia, uma angústia que parece que vem com hora marcada... Seria a famosa *bad* de domingo? Há uns meses, acordei num sobressalto, pensando: quantos domingos ainda vou viver? Foi tão forte. Meu irmão teve poucos domingos entre aquele meu pensamento e a abreviação da vida dele.

Lembrei disso porque participei de um encontro com Ana Claudia Quintana Arantes n'O Lugar, uma comunidade on-line de transformação. A médica especialista em cuidados paliativos é uma dessas pessoas iluminadas que têm a capacidade de tornar a morte, esse assunto sobre o qual ninguém quer falar, algo possível.

Ela já começou falando que todo dia pode ser o último. E nos convidou a pensar sobre como viver com consciência do nosso tempo. A gente trata o tempo como infinito, achando que terá muitos encontros com quem ama, que vai conseguir fazer tudo que tem vontade, que vai, inclusive, poder sentir essa mistura de angústia e tédio aos domingos muitas vezes ainda. Tomara que dê! (E tomara também que dê para trocar a melancolia por outro sentimento.)

Numa parte da dinâmica, Ana Claudia nos pediu para imaginar que teríamos apenas uma semana de vida, que em uma distância de sete dias não estaríamos mais aqui. "Você, que odeia segunda-feira, se acalma, só tem mais uma. Eu, que amo domingo, vou me acalmar, porque tenho mais um. Tudo vai ser vivenciado apenas mais uma vez."

Como a gente passaria nossos dias se se desse conta dessa finitude? Como viver o tempo sabendo que ele acaba? Para entender mais da vida é fundamental fazer as pazes com a morte. Que os domingos sejam bons — e todos os demais dias também.

O que você jamais deixaria de fazer se soubesse que não vai ter mais muito tempo aqui?

_____

_____

_____

_____

_____

Que a gente não desperdice a presença. Um dia ela vira saudade

A gente não sabe quanto tempo tem aqui. Se nossa vida vai durar quarenta anos ou mais. Ou bem menos. Com sorte, muito, muito mais. Ainda assim, esse aviso não está introjetado nem virou um post-it na testa para nos lembrar da obviedade de viver nossos dias com mais intenção. Mas dá para entender o porquê. Talvez trouxesse um peso adicional ao cotidiano — e só a gente sabe o que precisa fazer para atravessar os dias, né?

É Natal, e eu sou da turma dos que ficam melancólicos nesta data. Porque também sou da turma que perdeu pessoas muito amadas. Ao mesmo tempo, talvez também esteja encontrando outra: virei da turma que tem um bebê em casa. E hoje ele me acordou falando "bu!", para me dar um susto. Antes, até cantarolou. Então, a alegria me chama para ver a magia pelos olhos de uma criança.

Honro meu próprio ritual: pego um papel e uma caneta e escrevo uma longa carta ao meu irmão, enquanto ouço músicas de que ele gostava. Em outros anos, acendi vela e também escrevi aos meus mortos, que já se acumulam mais do que eu gostaria. Duas tias, meu pai, meu avô.

A morte é a única certeza que temos, e, ainda assim, a gente não consegue colocar esse assunto na mesa. Mas faço questão, não dá indigestão. Porque quem viveu é um pedaço da gente e merece ser celebrado. Sei que hoje é dia de se arrumar para passar a noite na sala. E quantas vezes a gente trata isso como algo banal, até com um ai-que-saco? Ainda mais em anos de eleições, com suas fissuras.

Para mim se tornou inevitável pensar que algumas conversas nunca mais vamos ter. Quem a gente tanto amou agora virou lembrança. Personagens em fotos de noites de Natal do passado. Uma dor tão gigante quanto a ausência tão sentida.

A morte me deixou com pânico das oportunidades desperdiçadas pra gente ter conversas que importam. Se a gente está junto, dividindo presença e o mesmo tempo, como isso pode ser banal? Não é. É a gente vivendo a vida no gerúndio. E a vida é, simplesmente, o que a gente tem agora.

Se ano que vem quem você ama não estivesse mais aqui, o que você gostaria de ter conversado hoje?

_____

_____

_____

_____

_____

Quando não tive coragem de apoiar o sonho do meu irmão

É dia de São João. Fiz uma festa para lembrar do lugar de onde eu venho. Em Pernambuco, e em todo o Nordeste, essa data é feriado. A festa acontece na véspera — e no dia de hoje o café da manhã é farto. Tem milho, pé de moleque, pamonha, canjica, bolo de fubá, amendoim e tudo mais que você possa imaginar.

Esse era o dia especial da minha mãe e do meu irmão. Ele a buscava em casa, e os dois iam juntos ao Mercado da Encruzilhada. Quase agora, ela me mandou uma mensagem dizendo: "Hoje tô mais para baixo do que o Túnel da Abolição [construção que fica no bairro da Madalena, no Recife]. Cozinhei milho, comprei pamonha. E não comi nada... Ele sempre vinha, e a gente ia tomar café no Mercado da Encruzilhada." Ainda me mandou uma foto dele com chapéu de vaqueiro, fazendo pose de matuto do interior.

Hoje mesmo sonhei com ele, que a gente se encontrava. Estávamos em Los Angeles, para onde ele tinha se mudado para estudar e ensinar.

Meu maior sonho era que esse sonho fosse realidade. Queria eu Los Angeles, e não o cemitério de Santo Amaro, onde minha mãe pretendia ir hoje, mas não conseguiu por conta da chuva. Ainda assim, a dor ameniza quando eu sonho com ele. É tão real que tenho quase certeza de que qualquer hora ele aparece aqui na minha casa nova para se encantar com o pássaro enorme (parece que se chama jacu) que pousa nas árvores vistas pela janela.

Quando Bruno Pereira e Dom Phillips, indigenista e jornalista com histórias de luta pela Amazônia, foram brutalmente assassinados, de certa forma meu irmão morreu mais uma vez. Eu tinha sentido isso e um grande amigo dele escreveu a mesma coisa. Muitas vezes penso que ele sentiria muita raiva e desolação de viver no mundo de hoje.

O vídeo do velório de Bruno me comove, e estou reaprendendo a sentir. Paro este texto para ler uma matéria.[16] É impossível não destacar alguns trechos aqui:

> Em Pernambuco, os xukuru, que vivem no agreste, começaram seus rituais de encantamento de madrugada e, durante o velório de Bruno, dançaram e cantaram em sua memória. "Cadê o meu irmão, ô meu irmão, ô irmão meu, cadê meu irmão", cantaram ao redor do caixão.
> [...]
> Os kanamari, do Vale do Javari decidiram cumprir o seu ritual de luto tradicional, realizado apenas em caso de morte — ou "passamento", como eles preferem — dos seus.
> Os caciques falaram, com lágrimas nos olhos, que a dor que eles estão sentindo é como se fosse um cacique que tivesse ido a óbito. "Então a gente tem que fazer isso para se despedir e mostrar o caminho dele para chegar onde está o nosso pai maior", disse mestre Aldair, kanamari.
> O rito é praticado exclusivamente pelos homens e não pode sequer ser visto pelas mulheres e pelas crianças. Ele explica que consiste em cortar e guardar o cabelo, cada vez que um familiar morre, até que, quando a comunidade se sentir triste demais, um novo ritual é feito para "se despedir do luto" e "se acostumar à lembrança da pessoa que vivia com a gente".

Talvez eu estivesse precisando ler isso.

Precisando ler sobre um indigenista e um jornalista que dedicaram a vida aos povos indígenas. Que não tiveram medo de trabalhar, que tinham posturas políticas ativas, mesmo quando o Brasil mata quem ousa fazer isso.

Ler sobre isso me lembrou de um arrependimento que carrego. Não tive coragem de apoiar meu irmão quando ele se aventurou na política. Tive medo de que o coração dele não aguentasse. Ele sempre sentia demais tudo, imagina fazer política no Brasil, não mais em tempos em que alguma utopia era possível, mas num Brasil de golpe, de campo minado, em que ativistas são mortos, em que o mal vence muito mais vezes do que aguentamos?

Me arrependo. Porque eu achar qualquer coisa sobre o sonho de outra pessoa é de uma pretensão tão grande. Eu sentia medo, medo, medo. Falava: "Léo, pra quê? Sai dessa." Os amigos não só endossaram como deram todo o apoio. Mainha fez santinho para distribuir. Anda até hoje orgulhosa com a camiseta em que está escrito "A cidade somos nós".

Eu fui pequena e mesquinha, num apego de querer mantê-lo com saúde aqui por mais tempo. A vida me deu a maior rasteira que eu podia levar, e perdi um tempo gigante sem me conectar com essa parte dele que o fez ainda mais gigante. Queria ter um memorial de todo mundo que falou algo dele quando ele morreu. Léo presente. Léo gigante. Léo, meu irmão, meu amor, meu chão. Que me faz falta todos os dias. Nunca imaginei que sentiria tanta saudade numa noite de São João.

"É um capricho arretado de um pernambucano ser velado em um São João. Aqui, é dia de festa, e Bruno e festa são sinônimos!", disse à *Folha* Beatriz, companheira de Bruno Pereira.

Que vocês se encontrem, Léo. Você e Bruno. Você e Dom. E tanta gente massa que está indo embora antes do que deveria.

Me perdoa por ter sido tão medrosa quando você precisou de apoio, de incentivo, de tanta coisa. Eu nunca mais quero deixar de vibrar pelo sonho de alguém, por mais que ele seja radicalmente diferente do meu.

Um filme da infância com uma mensagem para o futuro

Salgueiro chorão com lágrimas escorrendo,
Por que você chora e fica gemendo?
Será porque ele lhe deixou um dia?
Será porque ficar aqui não mais podia?
Em seus galhos ele se balançava
E ainda espera a alegria que aquele balançar lhe dava.
Em sua sombra abrigo ele encontrou,
Imagina que seu sorriso jamais se acabou.
Salgueiro chorão, pare de chorar.
Há algo que poderá lhe consolar,
Acha que a morte para sempre os separou?
Mas em seu coração para sempre ficou.

Do filme *Meu primeiro amor*

Em que momento a sua vida mudou para sempre? Qual foi aquele ponto de virada que, quando chegou, você quase conseguiu fazer um *fast foward* e se ver em cenas futuras do seu filme, por mais que tudo o que você quisesse fosse permanecer onde estava? A perda de alguém, um diagnóstico de saúde, um acidente… A perda de um filho. A morte da mãe, do pai.

Eu achava que a morte da minha tia, quando eu tinha vinte e poucos anos, tinha sido meu ponto de virada. E foi. Mudei de cidade, e isso definiu muito da minha vida. Também virei alguém que trabalha, cuja identidade esteve, por quase vinte anos, atrelada ao que fazia, e não necessariamente ao que era. Um dia ainda quero escrever sobre tudo o que a perda dela fez comigo, mas é tão duro que cogito ser possível só pela ficção.

Aí veio a morte do meu irmão. Para me mostrar que eu tinha, até então, apenas arranhado a superfície da dor. Perder um irmão é perder uma testemunha da sua vida. Da nossa vida juntos. Quando isso é arrancado de repente, a gente sofre pela perda e também porque perde pedaços de si. Às vezes eu tenho raiva porque o luto me trouxe uma solidão que vai me acompanhar pelo resto da vida. E sobre isso já escrevi tanto... Daria tudo para que o filme da minha vida continuasse sem tanta surpresa.

Uma vez que é impossível, o que dá para fazer a partir do que nos aconteceu? O que a gente faz a partir dos pontos de virada? O que a gente faz a partir da dor?

Parece que não vai ter muito jeito, viu? A gente vai ter que seguir em frente. E que sorte a nossa estar vivos para podermos viver essas próximas cenas.

Talvez o luto doa tanto porque eu ainda não me veja completamente transformada. Olho o copo meio vazio, sinto a falta dilacerante que é perder o companheiro de uma vida. Faço da dor uma bandeira — e lembro que, no meu primeiro aniversário após essa perda, alguns amigos me deram de presente uma bandeira onde estava escrito "Em caso de dor, dance". O que logo me fez lembrar da frase de Emma Goldman: "Se não posso dançar, não é a minha revolução."

Talvez o que falte seja transmutar a dor em potência para além de mim. Sim, eu aprendi a me cuidar, me fortaleci tanto. Sou outra. Mas ainda sou eu demais. Ainda sou aquela menina que espera a aprovação do irmão para cada texto que escrevia. Ainda sou aquela adolescente que duvidava se era boa mesmo na redação, mesmo só tirando notas boas.

Ligando os pontos, na data da sua morte, alguns anos depois, resolvi reassistir a *Meu primeiro amor*, filme icônico dos anos 1990 com Anna Chlumsky e Macaulay Culkin. Quando era criança, me apaixonei por esse filme, que conta a história de uma menina e seu pai vivendo numa casa que também é o trabalho, sendo que esse trabalho é o de uma funerária. Com o adendo de que a menina perdeu a mãe ainda no parto. Não sei se o encantamento era porque os protagonistas tinham quase a minha idade. Sei que assistia repetidamente à fita que alugava na locadora. Chorava todas as vezes. A certa altura, a cena cruel: Thomas J., melhor amigo de Vada, personagem principal, é picado por abelhas, não resiste e morre. Eu me debulhava. Um filme de criança em que uma criança morre e é velada num caixão de um tamanho que nem deveria existir. Meu Deus, anos 1990, você poderia ter pegado mais leve!

Meu irmão passava na sala, me via chorando e tirava a maior onda, achando engraçado eu me comover tanto com um filme que passava na *Sessão da tarde*. Ali eu via a amizade dos personagens, a infância andando de bicicleta na rua, aquela família meio sem jeito para o afeto, como a minha. E via também a personagem que sonhava em ser escritora — e que escreveu os versos que abrem este texto.

Tantos anos depois, quem diria, o mesmo filme fala para a mulher que me tornei. Ainda me encorajando a seguir meu sonho. Ainda precisando aprender a fazer da dor uma bandeira de coragem para viver hoje a vida que eu quero, desejo e mereço.

Sinto falta do meu leitor mais importante e exigente. Já que não consigo mais as respostas dele, me resta escrever como se ele estivesse lendo. Escrevo para que a gente continue a se ver — e prometo dedicar a ele todos os livros que ainda vou escrever. Encontrar alguma alegria na tristeza. Aprender a caminhar com alguma leveza.

"Luto é caminhar de mãos dadas com a morte. Sugiro tentar fazer amizade com ela, pra caminhada ser produtiva", me diz uma amiga querida. Finalmente, me vejo mais próxima de convidar a dor para dançar. Com meu livro a tiracolo, de preferência.

Esse desejo de apostar na vida

"Você aposta na vida", me disse uma analista durante uma sessão. Mesmo diante da dor, dos traumas, das perdas, segui insistindo. Alguns trechos da minha biografia poderiam justificar um olhar pessimista, triste, sem horizonte para a vida. Mas, como escreveu brilhantemente a poeta Maya Angelou, "E, ainda assim, eu me levanto".

Eu me levantei quando perdi minha tia assassinada, logo voltei ao meu estágio, como se fosse o trabalho mais importante do mundo. Isso definiu muito da minha relação profissional. Eu me levantei quando perdi meu irmão um mês depois de o meu filho nascer. Eu me levanto a cada vez que penso no preconceito que meu filho vai enfrentar simplesmente por ter duas mães.

Eu quero mais da vida. Acredito nela. E tenho certeza de que temos um propósito de estarmos aqui. O meu é escrever. E, mesmo sem tanta coragem e com muito medo, finjo que acredito e compareço, tantas vezes e em tantas páginas que uma hora vira verdade.

O seu, você já descobriu?

Eu aposto na vida porque vi a morte bem de perto. Lamentei tanto por uma vida interrompida tão cedo. Devia ser proibido. O que fazemos da vida todos os dias? Estamos vivendo a vida que gostaríamos de viver? O que precisa sair, o que precisa entrar? O que no dia a dia pode ser diferente para que caminhemos numa direção de mais sentido, de mais amor, de mais pertencimento?

Por muito tempo fui triste. Mais do que triste, fui crítica. Nada do que eu fazia era bom o suficiente. O que os outros faziam? Era bom, mas... Sempre um "mas". Sempre uma consideração e uma grande dose de julgamento. Quanto tempo perdido! Quanto tempo ainda tenho para viver uma versão radicalmente diferente da que fui até hoje!

Que urgência de ser feliz, apesar da dor. Que necessidade de criar, de botar no mundo, seja livro, seja filho, seja projeto. Que vontade de apostar na vida, de jogar alto, de colocar todas as fichas. De viver sem medo. Apesar de tudo. Lembro de Clarice Lispector: "Uma das coisas que aprendi é que se deve viver apesar de. Apesar de, se deve comer. Apesar de, se deve amar. Apesar de, se deve morrer. Inclusive muitas vezes é o próprio apesar de que nos empurra para a frente. Foi o 'apesar de' que me deu uma angústia que, insatisfeita, foi a criadora da minha vida. Foi o apesar de que parei na rua e fiquei olhando para você enquanto você esperava um táxi. E desde logo desejando você, esse teu corpo que nem sequer é bonito, mas é o corpo que eu quero. Mas quero inteira, com a alma também. Por isso, não faz mal que você não venha, esperarei quanto tempo for preciso."[17]

Quero viver ao menos o dobro da idade que tenho hoje. Com saúde e autonomia, cercada de amor. Se estou chegando no que pode ser considerado metade da vida agora, quem quero ser pelos próximos quarenta, cinquenta anos? Quais os meus desejos? O que quero realizar? Quem é essa nova versão? Do que eu gosto, do que falo, de quem me cerco? Como passo meus dias? O que coloco no mundo? Já dá para começar a pensar em legado? Já posso assumir que quero ter um impacto na vida de cada vez mais gente por meio do que faço? Quantos livros vou escrever? Será que uma hora vou ter coragem de escrever o roteiro de um filme? Ou um livro de ficção? Imagina só uma série de livros que vira um seriado? O que eu ainda vou aprender? A cozinhar, por favor. Quem sabe a tocar violão? Participar de um torneio de tênis? Será que volto para a natação? Será que um dia vou gostar de fazer trilha nas montanhas? E meu filho, o que vou aprender com ele ao longo de toda uma vida? Ele vai ter um irmão ou uma irmã? Eu vou ficar grávida? Como vai ser meu parto? A playlist vai ser a mesma? "I wish I knew how it would feel to be free" [Gostaria de saber como é se sentir livre], cantava Nina Simone enquanto meu filho nascia.

Eu quero ser feliz. Eu sou feliz, apesar de. Mas quero mais. Quero olhar para a vida com o filtro de quem acabou de chegar no mundo. Quero observar a formiga carregar um pedaço da amora que caiu do pé. Quero pisar nas folhas e aprender a ouvir o som. Quero ver o vento bater nas árvores e enxergar isso como uma dança.

O que fazemos do que é feito de nós?

Tudo vira bagagem, peso, excesso. Mas tudo também vira acúmulo, volume, repertório. Só somos quem somos por conta de cada coisa que aconteceu na nossa vida. Abro espaço para entender e honrar até mesmo o que foi tão difícil e me ajudou a chegar aqui. Sou quem me tornei e tenho orgulho de mim.

Agora me vejo pronta para abraçar uma abordagem de vida que, por muito tempo, pareceu não ser para mim. Ser feliz. Ser alegre. Sentir genuinamente cada sorriso. Vibrar. Vibrar junto, vibrar com. Celebrar. Expandir. Amar. Como verbo intransitivo. Como diz Belchior em "Alucinação", "Amar e mudar as coisas me interessam mais." Mas também como verbo transitivo. Amar meu filho, minha mulher, meus sobrinhos, minhas tias, minha mãe, minhas cunhadas, meus primos, minhas tias, meus tios, meus sogros, minha avó. Cada um dos meus amigos e os filhos que eles já colocaram no mundo. Cada pessoa que cruza comigo num dia normal e o enche de algum significado.

Me sinto renascendo. E não sei se foi o tempo ou se foi a minha escrita. Ou, ainda, a paisagem que tenho à minha frente. Só sei que agradeço. Me sinto pronta, já estou com a roupa de ir. Ser feliz todos os dias, como compromisso, como resistência, como exemplo, como convite.

Quero ser livre. Livre de todas as vozes da minha cabeça que me diminuem e me atrapalham e impedem que eu seja do tamanho que desejo, ou talvez eu até já seja, só não me autorizo ainda.

Vou ser livre.

Escrever me liberta. Escrever é meu chão, meu norte, minha contenção, minha expansão, meu desdobramento, meu grito de coragem, uma palavra por vez. Escrever é minha aposta na vida. E, se um dia eu conseguir ajudar na libertação de outra pessoa, tudo vai ter valido a pena.

Eu aposto na vida. Dobro a aposta, porque quero viver bem, sendo feliz e realizada, nutrindo amor com os meus e para além, enxergando o presente que é estarmos todos aqui desfrutando ao mesmo tempo dessa fatia do tempo. Que presente, que sorte. Vou me lembrar disso todos os dias da minha vida. Você promete tentar também?

Qual aposta você vai fazer na vida?
_____
_____
_____
_____
_____

FALA QUE EU NÃO TE ESCUTO, IMPOSTORA!

A força *que vem da família*

Mari Palma é apresentadora de TV e tem mais de 1.5 milhão de seguidores nas redes sociais. Mas não tem um dia em que não se questione: "O que tenho para falar? Por que as pessoas querem me ouvir?" Parecem frases que você se diria também?

"Tenho uma insegurança muito grande. Falo menos do que poderia. Pelo público que tenho, poderia falar mais. É um exercício que tenho que fazer", me conta em entrevista.

Mesmo entre dúvidas e inseguranças, ela fala. E faz. E continua. Seu lugar de força? Vem da família. "Quando chego na casa da minha mãe, sou uma pessoa competente, bonita por dentro e por fora. Tento me ver com o olhar dela sobre mim. Me olhar com o carinho com que as pessoas que me amam me olham." Um ótimo exercício que todas nós podemos praticar, não é mesmo?

Nesse processo, ela tem percebido como comemorar conquistas é difícil, ao mesmo tempo que é um aprendizado necessário. "Cada pessoa tem algo diferente para ensinar. A importância que minha voz tem hoje, e não quero soar arrogante, tem a ver com valorizar mais a família."

Nas suas redes sociais, Mari costuma falar dessa família e mostrá-la. Em 2021, essa alegria também precisou dividir espaço com uma dor gigante: a morte do seu pai. "Faz mais de dois anos que perdi meu pai e grande amor da minha vida. De lá para cá, eu caí e levantei mais vezes do que consigo lembrar tentando lidar com a falta dele. Mas se tem algo que me ajudou no processo do luto foi escrever", disse ela em 2023, anunciando o projeto de um livro sobre a relação dos dois.

Fico imaginando a dor que ela sentiu... E penso também nas vozes da impostora ainda ecoando na cabeça da Mari. Retomo a entrevista, que já vem com respostas: "Sempre que você escolhe você, o negócio dá certo. A prova de que alguém conseguiu passar pela impostora é fazer. Sei que não é fácil, mas faz, velho, faz. Sempre tem um doido que vai gostar da sua loucura." E acrescenta, nos incentivando a prestar atenção em algumas coisas: "Tá te completando? Tá te fazendo feliz? Gostei do que fiz, tá lá, tá entregue. Se você fizer o que tá curtindo, vai ter mais gente que vai curtir. Isso vira uma grande bola de neve de coisas boas."

Coragem para fazer, para deixar vir o que for bom. Tendo a escrita como esse portal para lidar com o tanto de amor que fica na gente depois que perdemos alguém. Quem disse que por trás das impostoras não há mulheres que vão aprendendo a ficar gigantes também?

RELACIONAMENTOS: QUANDO IR, QUANDO FICAR

Fica perto de quem eleva tua energia

Tenho gostado de prestar atenção em como me sinto quando encontro as pessoas. Tem gente que a gente encontra e fica numa energia tão boa que o dia chega a ganhar outra *vibe*. Tem gente que a gente encontra e... Nada acontece. E tá tudo bem. É sobre equilíbrio de energia mesmo. Imagina se tudo fosse um grande entusiasmo efusivo? Ia cansar.

Mas como é importante a gente aprender a perceber como a gente se sente perto de quem a gente escolhe estar, né? E isso não tem a ver com profundidade da relação, tempo que a gente se conhece. Tem relação com momento de vida, com troca, com escuta. Estar perto de quem te ouve de verdade, e não só de quem fica esperando a própria vez de falar, sabe? Ficar junto de quem não fica se mostrando numa versão cheia de filtros, só vencendo — para isso já basta nosso querido Instagram.

Eu gosto de quem se mostra, de quem presta atenção, de quem conta de si, de quem vibra junto, de quem escancara essa vida que não dá sossego, mas que ganha um respiro quando a gente se conecta de verdade. Seja num café de três horas quando o tempo virou e a gente precisou pedir uma mantinha para o garçom, seja quando um encontro pandêmico de Zoom vira um show, um karaokê, um fim de noite comendo galeto na brasa. Gente é massa, e eu quero perto quem me lembra disso nesses momentos simples, mas preciosos também.

Pare um pouco e reflita sobre as pessoas que fazem bem para você. Quem você quer ter por perto?

_____
_____
_____
_____
_____

Banca teus incômodos

Eu achava que era do tipo ruminante. Que fica tempo demais com um incômodo ou uma questão, até digerir por completo. Mas descobri que resolvo rápido o que se impõe. Tenho essa mania de ser boa com lista de tarefas. Mania ou necessidade de controle? Ou, ainda, inabilidade de aceitar ajuda? Fica aí o questionamento para a minha terapeuta.

O que essa percepção tem me mostrado é o quanto é importante a gente bancar nossos incômodos, por mais que eles possam nos fazer ter que mudar tudo. Tá ruim? Então bora conversar. Continua assim? Então bora mudar. Entre uma coisa e outra, passam-se meses. Ou anos, às vezes.

Mas o que não tô gostando mais é de ficar remoendo o mesmo problema sempre. Se é para ficar reclamando, que façamos roleta do BO, porque eles não faltam. E como é bom quando a gente se incomoda com alguma coisa, né? Para mim é sempre sinal de que vem alguma mudança.

Só o que não incomoda é o que não importa mais. E que bom a gente colocar o desconforto na mesa. Pode ser indigesto no começo, mas fundamental para uma saciedade depois. Até para não virar aquela pessoa que fica dizendo, depois que tudo mudou: "Ah, mas eu estava, e estava sofrendo naquela época." Então conta, meu anjo. Coloca o elefante no meio da sala. Ele pode quebrar uns bibelôs, mas a gente remenda depois. Se implica, se coloca, dá teu nome.

E você, por onde vai começar a bancar seus incômodos?

_____

_____

_____

_____

_____

Respira no desconforto

"Respira mais três vezes. Sustenta. Sente o que está vindo. Tudo bem sentir desconforto, tenta atravessar essa sensação." Ouvi isso na aula de ioga, mas acho que vale para várias situações na vida.

A gente quer tanto que tudo fique bem logo que acaba tentando acelerar os processos, sentindo ainda mais ansiedade. Mas não tem jeito: o incômodo vai vir. Às vezes, vai durar mais do que você acha que aguenta. E a gente precisa ir construindo um pequeno arsenal de ferramentas para lidar com ele — e com os próximos que virão.

Foi curioso ouvir isso bem em um dia em que eu mal conseguia fazer as posturas da ioga porque minha cabeça estava tão cheia que eu estava de corpo presente ali, mas viajando por outros pensamentos. Fui tentando a respiração, conseguia um pouco, não conseguia outro tanto. E tudo bem também, nem sempre vai dar.

Mas fiquei com esse ensinamento ecoando por dias: "respira no desconforto." Tem mais duas respirações, a gente aguenta. Nem sempre dá para antecipar o que ainda não tem solução. Bora aprender a atravessar.

A vida adulta não dá sossego

Ainda me surpreendo com o que significa ser uma mulher adulta. Lembro do meme "Como é que eu vim parar aqui? Eu só tenho 6 anos!". Agora não tem mais jeito. Até filho eu tenho! Planilha de Excel preenchida todo mês. Muitos boletos para pagar. Aquele cuidado com a saúde que a gente só entende depois de certa idade mesmo e que, inclusive, nos faz desejar saúde em primeiro lugar para todo mundo que faz aniversário.

Não sei se é o fim do mundo ou o fim da aventura humana na Terra, tampouco sei se ainda é efeito de dois anos de pandemia, que nos mudou pra sempre... Mas que falta faz viver uma coisa e depois outra, né? Com um tempo entre elas, poxa. Sentir uma alegria imensa e ficar com ela uns dias, uma semana. Parece que nem dá tempo. Porque logo vem outra coisa que acaba nos afetando.

Esses dias desliguei um telefonema difícil e, na sequência, entrei em outro no qual uma amiga contava que está grávida. Foi o retrato desse sentimento que carrego atualmente, de que tudo se sobrepõe, de que a vida adulta não dá sossego. O bom, o ruim, o extraordinário, o amedrontador... Tudo caminha junto.

É o tempo que passa mais rápido? É a complexidade de viver que acaba escancarando isso? Talvez a vida adulta seja essa ambivalência constante, essa tentativa de buscar alguma calmaria enquanto o mundo parece aquela descida da montanha-russa que dá um frio danado na barriga.

Às vezes eu só queria alguma previsibilidade, mas esse é outro ponto que o passar dos anos me fez ver: não tem. Uma hora você tá aqui, em outra tudo pode mudar. E as decisões acabam vindo mais rápido também, é tudo para ontem.

Como a gente aprende a lidar com as oscilações? Isso conta muito. A forma como a gente escuta nosso corpo também. A nossa intuição parece que vai se afinando... Com quem a gente escolhe dividir o que se passa conta ainda mais. Você também sente tudo isso?

A gente é amiga dos nossos amigos do mesmo jeito ao longo da vida?

Para ler ouvindo "All my friends", do LCD Soundsystem

A gente pode passar o dia trocando mensagens, até em múltiplas plataformas (quem nunca falou com a mesma pessoa um assunto no WhatsApp e outro na DM do Instagram?), mas pode, também, se comunicar tão pouco.

Esses dias eu saí de uns grupos de WhatsApp porque fiquei de bode desse atropelo. Pedi para uma amiga fazer um favor para mim, num grupo que não tem dez pessoas, e ela simplesmente passou batido pela mensagem. É uma coisa besta, você deve estar pensando aí, e é mesmo. Mas sabe quando se trata só de um gatilho para algo muito maior? Algo que eu poderia chamar de descuido ou desatenção, mas talvez seja só outra temporada da amizade mesmo.

A gente é amiga dos nossos amigos do mesmo jeito ao longo da vida? Se a gente é capaz de mudar tanto, é natural pensar que as amizades mudem também, não? Mas como a gente lida com isso? A gente abraça a mudança, ou acaba sofrendo porque as coisas já não são como eram? Mas aquele vínculo ali já foi tão importante, como só seguir em frente? Não vai nem puxar uma DR?

Mais uma vez, fiquei pensando na pandemia. Que a gente elaborou tão pouco, apesar de ter sofrido tanto... No começo chegávamos até a fazer festinha no Zoom para ficar perto dos amigos (quando eu olho os vídeos sinto uma tristeza, uma interrupção da vida, ao mesmo tempo em que penso *que bom que a gente tentou continuar sendo a gente...*).

Depois, com a vida toda acontecendo on-line para todos nós que pudemos fazer isso, veio um cansaço brutal. Eu não queria um *happy hour* virtual com um amigo, eu queria abraço — aliás, foi um desses amigos que me falou uma frase que inspirou um texto chamado "Saudade das pernas", que vejo como um momento de mudança na minha vida, quando passei a escrever muito mais na internet.

O mundo foi tentando voltar ao normal, a gente também. Mas como a gente se conecta depois que tudo mudou tanto?

Às vezes, nos encontros com amigos de muito tempo, eu sentia que estava tudo diferente. Eu não era mais quem fui. Eles também não, provavelmente. Mas a gente tinha o chão comum do nosso afeto. De tantas memórias que construímos juntos. Das cenas dos nossos filmes ali naquela boate cujo andar de cima dava para um trilho de trem.

Não sei se para você também foi assim, mas eu me fechei muito depois da pandemia (e de mais um monte de coisa que aconteceu na minha vida). Quando comecei a sair do casulo, me vi perdida em diversos aspectos. Era como se eu precisasse de novos amigos que conseguissem enxergar quem eu sou agora, e não apenas me ver como quem eu já fui. Me afastei sem nem pensar sobre isso, apenas dizia sim para esses novos convites, enquanto que para os de sempre eu acabava deixando para lá.

Ainda achei que era possível a gente continuar se atualizando pela internet, mantendo a amizade assim. Afinal, tenho uma grande amiga que mora em Berlim e com quem converso sobre tudo quase todo dia... A gente funciona por WhatsApp, talvez pela distância de mais de 8 mil quilômetros.

Mas com aquela outra amiga alguma coisa mudou. De novo, eu mudei, ela também mudou. E a gente deixou de ser uma escolha na vida uma da outra. Quantas vezes isso pode acontecer ao longo da vida? Como é triste, mas também o quanto pode ser inevitável?

Por um tempo, carreguei essa dor da gente ter deixado de se chamar, se convidar, se querer perto. Anos depois, finalmente, nos encontramos. E fizemos a retrospectiva dessa mágoa. E eu saí da conversa pensando: o quanto a gente se perde quando deixa de falar do que incomoda? Ficamos afastadas quando só queríamos, as duas, ter tido colo uma da outra. Cada uma nos seus processos, eu na minha tristeza absoluta, afastando quem queria se aproximar... Tão triste!

Mas no roteiro da vida tem espaço para a gente voltar para o que é de verdade. Mandei flores para ela, com um bilhete que dizia: "Amiga, me perdoa por não ter te enxergado. Bora voltar a se ver? E a se ter? Beijo do tamanho da minha saudade." De presente, ganhei essa resposta: "É sempre tempo de fazer o amor florescer. A vida tem muitas estações, mesmo."

E cabe tanta gente em cada estação. As amigas que a maternidade me trouxe. As companhias das madrugadas, quando meu filho era bebê. As companheiras de ativismo, porque duas mães é uma coisa massa, mas não tem um dia em que a gente não precise se preocupar com questões que podem nos afetar. Tem aquelas com quem você vive um verão de conversas infinitas, com a melhor trilha sonora ao vivo da vida — e os sonhos no papel, os filhos brincando juntos... Tem a que vai mandar um livro de presente para você porque você quer conhecer mais sobre a culinária vegana. É com elas que quero estar num sábado, porque a gente vive tantas coisas parecidas que é confortável se sentir em casa de novo.

Tem aquelas que mais me ensinam sobre atenção e gentileza. A gente se tem mesmo é no dia a dia. Numa conversa em que uma fala e a outra escuta — e responde no seu tempo. Tem aquela que manda músicas novas e maravilhosas numa *playlist*. Tem aquela que abre a casa para a gente comemorar o aniversário do filho. A que faz estandarte de Carnaval para o filho! Tem todas aquelas que ficam em sucessivas temporadas. Algumas por nostalgia, outras porque o que importa para a gente hoje ainda combina com o que importa para ela também. São tantas, que sorte.

Tem dias em que me sinto trocando de pele. E é engraçado perceber que, enquanto sentia tudo isso, pensei que passaria uns dias exatamente com um amigo que está fazendo uma transição. Esse amigo eu conheci adolescente, e talvez tenha lembrado tanto dele porque fui assistir a *Dias perfeitos* no cinema. Tão bonito. Fiquei comovida daquele jeito que até agora o filme está em mim. Na trilha tem Lou Reed, que formou a gente como pessoas. A gente é do tipo amigos fita K7, conceito que aprendi com uma amiga de uma época em que a internet era discada: aqueles amigos que, não importa onde vocês pararam, quando colocam a fita de novo, a música só continua — ou a conversa, o afeto, o amor também. Vocês podem passar anos sem se ver, não precisam ficar se atualizando da vida pelo Whatsapp, mas quando rola o encontro, de novo, a gente está em casa.

Talvez eu queira menos comunicação instantânea e mais fita K7, como no filme. Quero estar perto de quem quer estar junto. De quem presta atenção. De quem se importa. De quem olha com acolhimento e generosidade para quem eu sou agora. Quero, nunca mais, perder a capacidade de enxergar o outro. E quero, sempre, lembrar que a maior parte dos nossos problemas vem de uma dificuldade tremenda que a gente tem de se comunicar. Da próxima vez, não quero demorar anos para ter conversas que importam.

Saio desses episódios mais convicta ainda de que excesso de contato não quer dizer comunicação. De quem está perto não quero descuido. E preciso olhar para mim também. Estou sendo cuidadosa? Aliás, de quem quero ficar perto? Como a gente se nutre? Como a gente se encontra com mais frequência? Quem a gente leva junto com a gente? Para quem a gente se mostra sem filtro? Com quem a gente vai viver junto os próximos vinte anos? Quais memórias estamos construindo agora que vão nos comover quando olharmos para trás? Como vamos ativamente cuidar de quem a gente escolheu chamar de amigo, e ser cuidados por eles também? Que sorte termos tanta gente por perto ao longo de tantas estações.

You spent the first five years trying to get with the plan
And the next five years trying to be with your friends again
(...)
Where are your friends tonight?
If I could see all my friends tonight

As amigas salvam a gente

Desejo que você encontre o seu bonde. Aquele grupo de amigas que a apoiam em todos os momentos e querem ver você brilhando, assim como você quer o mesmo para elas. Que estão com você numa viagem sonhada, mas também no cotidiano. Que se tornam um acontecimento onde chegam e topam tudo juntas, porque sabem que o melhor de qualquer destino é ter as companhias certas.

As amigas levantarão teu astral quando você insistir em ficar mal.

Desejo que você dê tempo para as amizades desabrocharem. Que conserve a curiosidade, esteja sempre disposta a ouvir, a contar de você, a se conectar mais. Desejo que você fale, como num lembrete para si mesma, o quanto sua amiga é maravilhosa e que todas as noias com o corpo jamais podem nos impedir de curtir uma praia paradisíaca de biquíni.

Desejo que você se cerque de quem exalta o que você tem de melhor. De quem não coloca você em caixinhas, e sim que abraça seus processos de mudança. De quem acolhe muito mais do que julga.

Desejo que você se permita ser cuidada a ponto de esquecer o que é carga mental. Fiz uma viagem com as amigas tendo só o endereço da casa da anfitriã e não pensei em nada por dez dias. E essa viagem me resgatou. Me senti tão feliz! E eu ainda conto e celebro cada um desses momentos.

São outras mulheres que vão lembrar o seu tamanho, mesmo quando você insistir em esquecê-lo.

Por isso, desejo que você encontre um tempo para existir sozinha. E que você defenda, ao longo da vida, um tempo para estar com as mulheres que te fazem bem. Só você e elas. Por dez dias ou dois, para qualquer destino. Sem cônjuge, sem filhos. Não porque você não queira viajar com eles, mas porque a gente precisa existir nesse outro registro. A mãe que se ausenta é também a que se faz presente para si mesma.

Quando sentei no avião para voltar, ao meu lado estava uma senhora que viajava com amigas. Começamos a conversar, ela me contou que perdeu o filho para a Covid-19, contei do meu irmão. Choramos. E passamos horas falando de dor e de amor. De como quando a gente mais precisou foram os amigos que estiveram junto (e eu jamais me vou esquecer, Bonde, da coroa de flores que vocês mandaram no velório do meu irmão, assim como jamais vou me esquecer dos abraços das amigas de infância, do colo da amiga da adolescência que me deu amparo nas duas vezes que meu mundo desabou). A certa altura, ela disse: os amigos salvam a gente. Uma frase perfeita para o roteiro da *season finale* dessa temporada de *White Lotus* com *Sex and the City* — e para todas as demais temporadas que ainda vamos viver nessa vida ao lado de quem faz da gente um tipo de gente muito melhor. ♥

São outras mulheres que vão lembrar o seu tamanho, mesmo quando você insistir em esquecê-lo. Escreva para aquelas que já te salvaram várias vezes.

_____

_____

_____

_____

FALA QUE EU NÃO TE ESCUTO, IMPOSTORA!

A construção da autoestima

"**V**im de uma família em que, desde os 11 anos, tínhamos reuniões para escrever nossos sonhos", me contou Rafa Brites, apresentadora e escritora (ela, inclusive, lançou o livro *Síndrome da impostora: Por que nunca nos achamos boas o suficiente?* Vale ler!). Mesmo assim, ela demorou uma vida para conseguir ocupar os espaços que sonhava. "Como uma impostora escreve um livro? Escrever é fácil. O problema é publicar. Até poucas semanas [antes da publicação], eu tinha certeza de que ia ser um fracasso. Tenho essa coisa de o meu ego estar muito na erudição. Meu livro é tão simples... Mas aprendi a acolher essa minha impostora. Até onde sei não tem uma cura, mas tem como seguir com ela."

Nesse processo, Rafa conta que uma frase mudou sua vida: "Todo julgamento é uma confissão." Ela conta: "Comecei a entender todos os meus preconceitos e julgamentos. Ao fazer isso, você começa a ter menos medo dos julgamentos externos. Fica sem medo de arriscar, de se expor, de contar seu sonho para todo mundo. Sonho não é para ficar guardado na gaveta de calcinha, é para ser falado para todo mundo."

Para ela, a gente cresce analfabeto na própria autolinguagem. Como conversamos com nós mesmas? As palavras e o tom que usamos, o que eles dizem? "Se pararmos para pensar, o tom, a cobrança que fazemos... Quem se olha no espelho e diz 'eu tô linda'? A gente costuma dizer o contrário. Imagina conviver com alguém assim? É como se você estivesse com sua pior inimiga dentro de você o tempo inteiro."

Quando estava na faculdade, Rafa entrou em um concurso para *trainee* em uma multinacional. "Fiz um processo seletivo que tinha prova de inglês, português, geografia e geopolítica. Eram 15 mil pessoas e eu passei em primeiro lugar. Pensei que iam descobrir que eu era uma farsa." Depois do primeiro sinal do fenômeno da impostora, ainda veio o machismo, com amigos dela na época dizendo coisas como: "Se eu fosse CEO, também ia escolher você para ser minha dama de companhia." Rafa acabou desistindo da vaga. Após um tempo, começou a se questionar: *como posso desistir, se tenho total capacidade de fazer isso?* E sabendo que, se não tivesse essa capacidade, poderia aprender? "Fui entendendo que não ia deixar mais essa sensação me bloquear, me empacar. Eu ia seguir, mesmo com ela."

"A frase do fenômeno da impostora é: o que estou fazendo aqui? Aprendi a acolher, identificar meu valor, entender que tenho um lugar", afirma ela, acrescentando que uma espécie de conforto acontece quando percebemos que nos apropriar da nossa própria história é algo mágico. "Todas as mulheres que admiro são autênticas. Às vezes, passamos a vida inteira nos portando de um jeito, tentando tirar nosso sotaque, mudar nosso jeito de ser, tentar ter um corpo diferente. A cada vez que nos afastamos de quem somos, vamos ficando mais impostoras", diz.

Uma das principais ferramentas que usa para lidar com tudo isso é revisitar o passado. "Observar nossas vidas, analisar nossas forças, e dores também — que superpoder adquiri passando por essa dor? Tudo bem, não tenho um ph.D., mas o que eu tenho? Simplicidade no falar? É, as pessoas se identificam com isso. Quando você não fizer o trabalho do outro e se concentrar em usar seu dom da melhor maneira, aí é o mundo, somos nós nos complementando o tempo inteiro." Como é inspirador ler uma mulher que entendeu seu tamanho e sua importância no mundo.

Treinar todo dia

Cris Naumovs, consultora em criatividade, entrou em oito diferentes cursos universitários, mas não concluiu nenhum. São mais de vinte anos de análise para chegar a um lugar mais confortável hoje. "Ao contrário das pessoas da minha geração, quando todo mundo tinha uma carreira tradicional, eu não fiz faculdade. Tenho dislexia, não fazia sentido para mim. Eu tinha que trabalhar, precisava de dinheiro. Durante muito tempo, achei que eu era um truque. 'Não sei fazer isso, sou só simpática.' Demorei muito tempo pra entender o que as outras pessoas falavam de mim." E o que falavam era sobre sua capacidade de articulação. "Como não tinha esses *skills* acadêmicos, tinha *soft skills*, eu sabia lidar com gente. Hoje eu vejo o que tem na minha planilha para me fortalecer."

Em determinado momento, Cris entendeu que tinha chegado a um lugar mais confortável. "Sei quem sou, do que gosto. Não é que eu não tome uma sarrafada toda semana, mas elas têm doído cada vez menos." Nesse meio-tempo, criou quase que um mantra para si: "Autoestima é como um músculo. É um exercício, precisa praticar."

Nesse processo, aprendeu com a analista a pensar em frases de conforto. "Tem uma frase que gosto muito: 'Eu tenho muita sorte.' Acredito nisso. É sorte também: estar na hora certa, no lugar certo, é privilégio. Para não entrar na mania de pensar que vai dar tudo errado. É um jeito que aprendi para impedir esse pensamento de chegar."

Ela também começou a mentalizar que sabe fazer qualquer coisa e aprendeu a pedir ajuda. "Pedir ajuda me deixa num lugar menos vulnerável. Me deixa forte. O que eu não sei fazer, alguém vai saber e me ajudar. O tempo ensina isso para a gente. Quando temos vinte e poucos anos, achamos que damos conta de qualquer coisa. Quando chegamos aos 40, entendemos que não precisamos saber tudo, nem carregar todas as caixas sozinhas. Saber delegar é sensacional. Você precisa entender em quem confia. Com quem tenho esse match de vida, de trabalho?"

Outro exercício é tentar internalizar as coisas positivas que os outros falam sobre você. "Se nos colocamos nesse lugar de esponja, dizemos: isso aqui vai grudar em mim. Não vai ser de primeira, mas uma hora..."

Cris ressalta que estamos vivendo em um tempo muito complexo. "Não temos todas as certezas, mas não podemos falar isso, se não alguém nos cancela... Precisamos poder ter dúvidas para procurar respostas. Achamos que chegar a um lugar é não ter dúvidas. Não é verdade. É ter uma técnica para achar as respostas. Eu preciso poder ter dúvidas. Isso tira o peso do mundo."

Isso não quer dizer que estejamos imunes a derrapar, ninguém está. Mas vale escolher as tretas com que você vai lidar. "Se eu tivesse que elencar três coisas para lidar com a impostora, seriam: criar e mentalizar as frases que te fortalecerão, te darão força; aprender a reunir sua turma, a quem poderá pedir ajuda; e aprender a delegar. Se alguém acredita que eu posso fazer, já deve ter me visto fazendo. Eu devo saber fazer. Ficar dizendo que não consegue é muito ruim pra você. E um bônus: cuide pra cacete da cabeça. Para mim, terapia se tornou um lugar de merecimento. Não é porque preciso, mas porque mereço. Descubra qual é a sua: terapia, ioga, *bungee jump*, maratonar *Friends*?"

Mulheres potentes têm essa capacidade de nos lembrar do que realmente importa. E fazem isso nos conduzindo numa firmeza gentil de quem sabe que, às vezes, a gente precisa de uns sacodes também. Como você vai olhar para a sua impostora depois de ler esses mantras de vida tão impactantes? Por aqui, a minha vontade é de olhar no espelho todos os dias e reafirmar: "Você é maravilhosa e está fazendo um ótimo trabalho em todas as áreas da vida." Na repetição o corpo se acostuma. Uma hora, toda essa angústia só vai ser passado. Bora?

SAÚDE,
O MERGULHO
DA VIDA TODA

Coragem de entender que um burnout não se cura com um post do Instagram

Escrevo este texto em outubro de 2022. Hoje faz dez dias que comecei a tomar remédio para cuidar da minha saúde mental. Por muito tempo, resisti. Achei que tomar remédio seria um atestado de "fracasso". Carreguei muito preconceito — e medo também. Entendi que ter passado a adolescência vendo uma tia minha com depressão, tomando remédio e continuando no mesmo lugar, me deixou com uma crença de que remédio não funciona.

Nesse cenário político enlouquecedor que vivemos nos últimos anos, vi o espaço entre uma crise de ansiedade e outra encurtar cada vez mais. Numa sexta-feira, tive uma crise pensando nas eleições que aconteceriam no próximo domingo. Eu não conseguia nem imaginar um cenário de segundo turno, tamanha era minha convicção (ou seria delírio?) de que Lula iria ganhar no primeiro. No domingo, depois do resultado desastroso, tive outra crise.

Me lembrei da Dilma dizendo: "Não importa quem vai ganhar ou perder. No fim, todo mundo vai perder." Essa frase é tida como piada, mas traduz bem o sentimento. Chorei um choro abafado, que queria ser contido, mas explodiu. Virei para minha mulher e falei: "Eu quero ir embora daqui."

No dia seguinte, acordei e reagi, apesar de não ter colocado um *cropped*. Em dias assim, sinto uma espécie de "ressaca social". Fico lendo notícias sem parar enquanto preciso tirar um tempo para voltar aos eixos. Dessa vez, não. Passei a resolver cada item daquela lista de pendências que nunca tem fim.

Troquei a apatia pela ação. Mas uma ação ansiosa também, de quem não quer ficar no desconforto. Foi nesse dia que pensei: "Preciso de ajuda." Pedi indicação de psiquiatra para uma amiga e marquei uma consulta, que só aconteceu no fim da semana. Saí com uma receita de remédio, mas não quis começar a tomar. Precisei de um tempo para entender se eu, de fato, estava pronta para me valer desse artifício.

Meses depois, fui numa outra consulta. Estava pronta para começar. Lá fui eu à farmácia. Comprei um frasco e pensei: vamos ver aonde isso vai me levar. Para além do sono constante que senti nos primeiros dias, em outros já comecei a me sentir melhor. Passei a dizer: "Estou achando que vou me arrepender de não ter começado essa história antes." Há um ano, dois, há dez anos! Talvez muitos dos meus rompantes tivessem sido evitados se eu tivesse sido diagnosticada com um misto de depressão e ansiedade.

Mas como buscar um diagnóstico mais assertivo quando "damos conta de tudo"? Quando consumimos conteúdos na internet que quase sempre terminam com "é sobre isso e tá tudo bem"? Quando vivemos uma cultura que diz que basta você se esforçar, ser disciplinada e determinada para conseguir atingir um estado de bem-estar?

Por muito tempo, comprei essas narrativas. Se eu estava bem, "funcional", se conseguia trabalhar e entregar o que precisava, como é que iria desconfiar de um desequilíbrio químico no meu cérebro? Além disso, se eu tinha uma "vida boa", como poderia reclamar? Fui eu que estiquei a corda demais. Então seria eu a equilibrar esse *crossfit* da saúde mental.

A primeira vez que senti o impacto palpável de ter começado a tomar remédio foi em um dia que acordei sem sentir o peito acelerado. É possível acordar sem angústia, sem repassar a lista de coisas que você tem para fazer? Eu não lembrava a última vez que tinha tido essa sensação.

Minha mulher falou que até o clima da casa estava diferente: "Parece que não tem mais um peso. Eu nunca sabia como ia te encontrar. Se estaria tudo bem, ou se tudo tinha ficado horrível." Minha sócia até ficou desconfiada porque não mandei áudio reclamando de uma reunião que tinha tomado um caminho péssimo. Ou seja, não fui só eu que me beneficiei dessa mudança, meu entorno também. Como cantaria uma artista do "feminejo", "se eu soubesse tinha feito antes".

Agora preciso contar para você o quanto caminhei para chegar até aqui.

Primeiro, descobri o *burnout*. Laura leu um carrossel de Instagram com dez indícios de que uma pessoa poderia estar passando por um. Eu cumpria nove deles, e o que mais me chamou a atenção foi um que falava sobre dessensibilização. Esse post serviu como um alerta para que eu procurasse ajuda. Eu, que sempre chorei em filme de comédia romântica, não conseguia me comover nem com mais de cem mortes por conta de um temporal. Eu nunca tinha sentido as coisas dessa maneira, e aquilo foi um sinal de alerta imenso.

Resolvi tentar começar a fazer algo diferente. Eu não estava fazendo exercício fazia um tempo. Decidi realizar um desejo que sempre tive: jogar tênis. Me matriculei, encontrei um professor excelente e comecei. Em poucas aulas, já estava apaixonada pelo esporte que sempre amei ver na televisão e que em 2011 me fez ir até Wimbledon.

Já são meses praticando o esporte — e gostando muito! Estou aprendendo os movimentos, evoluindo, sentindo prazer. Por quantos anos disse a mim mesma que não gostava de exercício, que não queria fazer? Eu só não tinha descoberto algo que fazia sentido para mim, aquela famosa frase que costumamos ouvir quando dizemos que não gostamos de nenhum. Comecei a fazer musculação com *personal trainer* também.

Ao mesmo tempo, encontrei uma terapia que fez mais sentido para mim. Deixei a análise e fui para a terapia somática. Além de sentir que me entreguei ao processo, que construí vínculo, que tenho constância, comecei a ter uns *insights* maravilhosos. A terapia somática acredita que não resolvemos um trauma apenas falando sobre ele repetidamente. Melhoramos à medida que abrimos espaço no corpo também, à medida que criamos respostas para nosso corpo entender que não está mais em perigo.

Percebi que não tive recursos suficientes para lidar com os vários traumas que vivi. Estou reaprendendo a sentir, para que meu corpo possa elaborar tanto do que passou.

Fiz uma bateria de exames, descobri que meu cortisol, hormônio relacionado ao estresse, estava altíssimo. Que eu tinha deficiência de várias vitaminas. Como um corpo poderia funcionar bem se estava em falta com tanta coisa? Tomei algumas injeções de ferro na veia, reponho as vitaminas, repito os exames com frequência.

Passei a fazer massagem duas vezes por mês. Cheguei lá dura, um corpo parado, acumulando muita coisa. E hoje ele tem mais mobilidade. Tem mais vida, tem mais viço, tem mais presença.

Mudamos de casa, passamos a viver mais perto da natureza, voltamos a receber amigos. Que saudade de fazer coisas simples como essa!

Tudo isso para dizer que, para curar um *burnout*, precisei fazer um grande investimento de tempo, energia, escolhas. Mudar a rota, passar a cuidar mais de mim. Um privilégio ter esses profissionais todos me ajudando no processo. Custa caro, eu sei. Que bom que tive essa ajuda. E quem não tem? E quem ainda se ilude com atalhos, falsas promessas ou soluções fáceis?

Burnout não é algo que temos numa semana e na outra já estamos com tudo funcionando normalmente. Leva tempo e são necessárias várias fontes de cuidado para sair dessa. A principal, talvez, seja entender que, se não formos nossa própria prioridade, uma hora o diagnóstico vem.

Antes de querer cuidar de tudo e de todos, lembre-se de você. Você é sua casa. Sua saúde é inegociável. Arrumar tempo para si mesma enquanto o mundo insiste em te sobrecarregar é um ato de resistência necessário se quiser viver com mais bem-estar. Todo dia precisamos nos lembrar disso para continuarmos firmes.

Quais são as batalhas que você enfrenta que não cabem num post do Instagram?

_____

_____

_____

_____

_____

Quem não tem coragem não se prioriza

São quase 9 horas da noite de uma sexta-feira, e só agora me sentei para escrever por meia hora. Fim de uma semana boa, mas também desgastante, com problemas no casamento e também no trabalho. Tudo envolvendo comunicação, ou a dificuldade que quase todos nós temos de conseguir nos fazer entender — e também de compreender o outro, é claro.

Nas últimas semanas tenho feito uma força-tarefa para cuidar de mim. Mais do que elencar aqui as atividades, quero dizer que sinto orgulho. Estou num lugar bem melhor do que estava antes. Mas quanto esforço é necessário fazer!

Uma coisa que me incomoda ainda é como me priorizar não é uma prioridade, com o perdão da frase clichê. Mas é isso: como eu deixo para escrever na prorrogação do segundo tempo? É exigir demais de mim, ou também é menosprezar um pouco o que quero tratar como mais importante?

Ainda assim, estou aqui. Porque quero ver o que acontece se eu escrever todos os dias, sem nenhum intervalo. Quero chegar em cem páginas de rascunho e ver se falei tudo o que eu queria. Se não tiver falado, quero continuar. Talvez eu queira passar um mês inteiro escrevendo. Quero ter coragem de voltar aos textos e também quero generosidade para achá-los possíveis.

Talvez prestar atenção aos meus desejos, a quem sou, seja tarefa que vai ficando sempre para depois. Parece que ainda tateio quem sou. Ainda me deixo ser levada por emoções e rompantes, pelo que acontece no dia. Admiro tanto quem segue sem desviar, sem se desgastar, sem se distrair.

Quero olhar para mim com a mesma atenção que dedico a quem me distrai, talvez por admirar a determinação dessas pessoas e querer pegar um pouco disso "por osmose".

(Sabe o que acabei de fazer? Durante a meia hora em que me propus a me concentrar na escrita deste livro, abri o Instagram para me distrair. É difícil sentar e escrever. Abrir o coração e deixar as palavras virem. Não esconder sentimentos, tampouco editá-los para que fiquem mais "perfeitos". A opção "seguir quase um fluxo de consciência" me faz acessar coisas para as quais eu talvez nem esteja preparada. Por isso, pego o telefone, porque ele me oferece mais do que eu poderia pensar, mesmo que esse "mais" seja muitas vezes "do mesmo".)

Voltando...

Quero ter coragem de me priorizar. Passar um tempo fazendo isso. Fazendo o trabalho, comparecendo a ele. Me encontrando nele. Vendo o que emerge a partir dele. Por mais que dê medo, por mais que eu adie, por mais que eu me distraia e pense que meu cérebro foi sequestrado pelo mecanismo das recompensas instantâneas. Por que trocar uma gratificação de curto prazo por algo de longo prazo que não apenas não sei o que é como nunca experimentei antes?

Mesmo assim, com tantas dúvidas e ainda sem a dose de coragem necessária, sigo.

De novo. E sabe o que sempre acontece? A mágica: me sinto melhor do que quando comecei. Tenho a sensação de dever cumprido.

O que mais distrai você de si mesma?

_____

_____

_____

_____

Quando não tive coragem de olhar para os meus traumas

Algumas dores me atravessam e acabam me constituindo. A perda do meu irmão, o parto do meu filho, o assassinato da minha tia. Eu poderia discorrer aqui sobre cada um desses episódios, que me exigiram tanta coragem para seguir em frente. Mas o que quero contar neste texto é que demorei muito tempo para descobrir como a dor pode nos congelar.

Tenho feito uma nova terapia, e nas sessões tenho aprendido sobre o que nos faz dissociar. Quando vivemos algo de que não damos conta, nosso corpo entra em modo de luta ou fuga. Se não consigo processar aquilo, paro de sentir. Congelo. Preciso "continuar funcionando", em vez de sair correndo, como o próprio corpo parece sugerir como alternativa. Lembrando aqui que esse é o entendimento de uma pessoa leiga sobre o assunto, vale sempre procurar referências profissionais.

Nesses três episódios, a dor foi muito grande. A morte do meu irmão ainda é muito recente e me dói diariamente. A da minha tia já faz muito tempo, mas também me constitui. A ficha da dor do parto do meu filho caiu há pouco tempo, quando me dei conta de que ter achado que ele e minha mulher poderiam ter morrido foi impactante demais. "Deu tudo certo", nem para a UTI ele foi, então ok, né? Não tem espaço para sentir. Mas, de repente, o corpo colapsa e precisamos investigar a dor — ou as dores.

O que eu tinha feito com os meus traumas até então era jogá-los para uma parte escondida de mim. Eles sempre estiveram lá, mas eu achava que fazer uma análise aqui, escrever uns textos ali, ter umas conversas acolá era suficiente. Eu nunca tinha percebido as reações do meu corpo. Como esses traumas se mostravam nele? De novo, meu corpo precisou entrar num esgotamento para que, assustada, eu resolvesse, finalmente, cuidar de mim.

Vamos vivendo, passando os dias, vamos nos enchendo de afazeres. Porque assim a vida anda, e achamos que está tudo bem com o que vivemos. Afinal, todo mundo tem suas tretas e seus traumas, né? Somos só seres humanos carregando dores enquanto tentamos encontrar sentido e alegria na existência, que nos surpreende sempre com seus convites para o sim.

No meu *extreme makeover* do autocuidado pós-*burnout*, temos o seguinte combo: terapia somática, exercício físico, massagens regulares, consulta com endocrinologista, ginecologista, cardiologista. Tem uma mudança no corpo físico também, não só na cabeça e no coração.

As dores que carregamos nos constituem. Para além da parte de honrar quem partiu, como no caso do luto, às vezes elas se materializam em questões de saúde mesmo. Quanto tempo perdi achando que estava dando conta? Quanto me iludi achando que só precisava racionalizar as situações? Será que ainda não tinha encontrado profissionais que, de fato, olhassem para marcas da minha história?

Fico triste por ter me negligenciado durante tanto tempo, mas estou tentando operar no modo "antes tarde do que mais tarde".

Fica a pergunta: onde está nossa coragem de mergulhar profundamente no que mais dói? Não demore tanto quanto eu. Escolha olhar para você o quanto antes. Somos tudo que temos.

Aquele trauma que você jogou para baixo do tapete, será que já não está em tempo de investigá-lo? Cuide de você. E esse corpo aí? Que tal tentar cuidar dele para que fique muito tempo por aqui?

O que você vai começar a fazer pela sua saúde a partir de agora?

_____

_____

_____

_____

_____

Coragem de perceber que o que você faz todos os dias molda sua vida

Quando parei de participar de reuniões diárias sobre todas as coisas que acontecem no trabalho reencontrei tempo para ser criativa.

A primeira coisa que passei a experimentar foi tentar fazer os dias caberem nos dias. Tão difícil, não é? Quem aí faz uma lista interminável de tarefas? Prazer, eu faço. Mas estou em reabilitação... Passei a responder a algumas questões, por exemplo: como seria um dia ideal para mim? Não em relação ao que eu tenho para fazer, mas em relação ao que quero ser quando termina o expediente. Nos enchemos de compromissos, lotamos a agenda, muitas vezes para atender a demandas de outras pessoas... E esquecemos de nos priorizar, né?

Então, anotei num *post-it*: qual é o compromisso comigo mesma que consigo fazer um pouco a cada dia?

Faz um tempo que parei de idealizar o momento em que escreveria muito sobre determinado assunto. Em vez disso, resolvi escrever por meia hora todos os dias. Desde então, só não fiz isso duas ou três vezes — aos domingos eu descanso. O que aconteceu é que agora tenho um volume de texto que não lembro de já ter tido antes. Uau, fui eu mesma que escrevi tudo isso?

É quase como se eu estivesse exercitando um músculo. Ao mesmo tempo, estou tentando me exercitar vinte minutos todos os dias. Já tenho um fôlego diferente, seja na bicicleta, seja na escrita.

A reflexão que trago é: o que você tem feito no seu dia para que caiba nele o que mais quer fazer? Esqueça o momento ideal, ele nunca chega. Haja atenção para conseguirmos manter alguma ilha de bem-estar para nós mesmas.

Num ato de resistência em relação à nossa atenção e ao nosso protagonismo, minha sugestão é: escolha uma coisa que você quer muito fazer todos os dias. Faça por três dias. Faça por uma semana. Faça por um mês. Lembro do livro *Grapefruit*, da Yoko Ono, recheado de exercícios desse tipo.

Meu desafio agora é continuar. Porque eu sou dessas — me empolgo e depois paro. Mas todos os dias tenho pensado: "Como posso continuar com o que está me fazendo tão bem?" É bom demais aprender a cuidar de nós mesmas.

O que você faz todo dia que traz sentido para sua vida? E o que a distrai dos seus objetivos?

_____
_____
_____
_____
_____

Coragem de descansar sem sentir culpa

Eu não sei descansar. Tampouco consigo. Ainda mais depois que li sobre os sete tipos de descanso que deveríamos ter — o físico e o mental, passando pelo sensorial, o criativo, o emocional, o social e o espiritual. Associo descanso a não fazer nada, mas não é bem assim... Achamos que estamos descansando quando maratonamos um seriado na Netflix, mas quantas vezes ficamos cansadas depois dessas horas largadas no sofá, meio mareadas? Só enchemos nosso cérebro de um monte de entretenimento, o que não significa descanso.

Sabe como eu "descanso"? Fazendo faxina e arrumação. Sou aquele tipo de gente que chega de viagem e desfaz a mala inteira, separando roupa para lavar, presente para dar, quinquilharias para guardar. Não só isso, também costumo fazer uma limpa em armários para tirar excedentes. Entrou coisa nova? Vou tirar o que já não é mais usado e pode servir para outras pessoas. Posso ficar horas nesse processo. Na volta das férias mais recentes, fiquei seis horas direto. Isso depois de um voo de 12 horas. No outro dia fiquei mais umas cinco horas.

A casa se torna outra, parece até que dá para sentir a energia diferente. Tirar o que não serve, limpar, arrumar, deixar tudo no lugar, saber para onde ir quando precisar de determinado produto. Uma delícia! Obrigada, Marie Kondo, por ter sequestrado meu cérebro para a mágica da arrumação.

Mas quantas vezes resolvo dar uma arrumadinha porque quero escapar de alguma coisa? Quem escreve talvez se identifique: você quer começar a escrever, mas por que não dar uma geral na escrivaninha antes? Porque escrever é encarar mais do que uma tela em branco. É abrir espaço para enxergar o que você nem viu ainda. É preciso coragem para dizer esse sim. Enquanto ela não vem, arruma daqui, organiza de lá. Se distrai do próprio desejo.

Essa é uma característica da socialização feminina. Muitas mulheres, além de darem conta de tudo, ainda acham que precisam ter a casa sempre arrumada. Quantas casas arrumadas distraem mulheres de sua vida criativa? Nós queremos a vida criativa, a casa arrumada, o pleno equilíbrio entre todos os pratinhos da vida adulta. Não me espanta que a frustração entre no combo e que o descanso fique sempre para depois.

Mulher cansada não escreve livro.

Mulher cansada não abre mão dos papéis de gênero que lhe são atribuídos.

Mulher cansada se perde nos prazeres imediatos.

Mulher cansada deixa seus desejos sempre para depois.

Mulher cansada não se cuida.

Mulher cansada não tem energia para investir na relação.

Mulher cansada não tem paciência.

Mulher cansada adoece.

Precisamos aprender a descansar. Precisamos aprender a nos permitir. Não dá para entrar na lógica da sociedade da performance em que vivemos. Todo mundo sobrecarregado, querendo fazer mais, precisando ser visto para ser lembrado, mesmo que nem saibamos direito o que isso significa.

Depois de uma vida toda ligada no 220, adoeci. Porque não soube parar nem buscar ajuda. A conta chegou pouco mais de um ano depois, na forma de um *burnout*. O que fiz quando recebi esse diagnóstico? Uma força-tarefa para sair dele. Tudo ótimo, um baita esforço, além do privilégio de poder gastar grana para cuidar da minha saúde.

Só esqueci de descansar. Ver Netflix sem ser para dormir? Só quando estou doente. Quando escrevi este texto, ainda de férias (mas claro que durante as férias olhei mensagens, arrumei a caixa de entrada do e-mail, troquei umas ideias com minha sócia...), me permiti ver um episódio de *Queer Eye Brasil* na hora do almoço. Foi tão bom, mas minha cabeça ficava: devia estar com meu filho, devia estar lendo algo útil. Até adormeci depois — era meu corpo querendo regeneração. Quando despertei, todas essas coisas voltaram em *looping*.

Ainda assim, fiquei feliz de ter conseguido. Penso em como preciso enxergar o descanso como algo inegociável na minha rotina. Meu corpo precisa sair do estado de ativação constante.

Me lembro de uma frase do The Nap Ministry, um projeto incrível de Tricia Hersey, que diz algo mais ou menos assim: "É uma ousadia descansar numa sociedade que não consegue se desligar." Para além de ser fundamental, ou fazemos isso ou nossa saúde degringola. Mulher cansada uma hora pifa. E quem não consegue parar sente o quê quando pensa que pode paralisar?

"Somos uma nação de adultos exaustos e estressados, educando crianças sobrecarregadas", diz Brené Brown. "Usamos nossas horas de folga em uma busca desesperada de alegria e sentido para a vida. Achamos que as realizações e as aquisições nos trarão alegria e propósito, mas a busca incessante delas é justamente o que nos mantém tão cansados e com medo de diminuir o ritmo. Se quisermos levar uma vida plena, teremos que pôr em prática a intenção de cultivar o sono e o lazer, além de nos libertar da noção de que exaustão é símbolo de *status* e produtividade é sinônimo de valor pessoal",[18] completa.

Não quero ser mais um robô na engrenagem deste mundo que pede produtividade incessante para que conquistemos cada vez mais. Quero uma vida mais simples. Sem tantas atividades, mas com disciplina para cultivar tudo o que faz bem. Uma boa noite de sono? Sim. Tempo para ficar junto com a família, ver um filme, brincar? Também. Talvez eu precise maneirar um pouco nas faxinas. Não quero, no futuro, ter sido aquela que tinha uma casa impecável, e sim aquela que sabia relaxar, se permitiu descansar, não vivia cansada, escreveu livros e passou muito tempo de conexão com aqueles que amava. Você também?

Como você vai incluir o descanso na rotina?
_____
_____
_____
_____
_____

A vida é tão maior

A vida é tão maior que o trabalho.
A vida é tão maior que as obrigações.
A vida é tão maior que uma lista de tarefas que quando está completa ganha mais itens.
A vida é tão maior que uma busca incessante por validação.
A vida é tão maior que qualquer discussão.
A vida é tão maior que as dúvidas.
A vida é tão maior que uma ansiedade que insiste em te devorar como um bichinho.
A vida é tão maior que o frenesi das notícias e da internet.
A vida é tão maior que o Instagram.
A vida é tão maior que qualquer comparação.

A vida é do tamanho que a gente a deixa ocupar. E ela pode ficar estreita, com fôlego curto, sem horizonte em alguns momentos.

Daí vem a própria vida e nos lembra: neste exato momento tem gente lutando bravamente pela sua. Choque de perspectiva.

Precisei ficar uns dias fora, ir para a natureza, me desligar da internet para entender o que escrito assim é tão simples e óbvio. Tem horas que as ferramentas que a gente tem não dão conta do que a gente sente. E um tanto de silêncio, outro de leitura e ainda uma dose de afeto parece que têm o poder de colocar o que importa no lugar certo.

Escreva seu manifesto, começando com "A vida é tão maior...".

_____

_____

_____

_____

_____

Quando não tive coragem de subir num palco por não ter o "corpo de uma atriz"

Sou uma mulher influenciada pelo tempo em que vivi minha infância e adolescência. Eram os anos 1990, e na TV tinha banheira do Gugu, concurso da gata da camiseta molhada, dançávamos É o Tchan — e só muitos anos depois fui entender o que era ralar na boquinha da garrafa.

Não conheço uma mulher da minha idade, ou seja, *millennials* da primeira geração (nascidas na primeira metade dos anos 1980), que não evoque nas próprias falas o peso que a cultura teve em suas percepções do corpo e da autoestima. A gente cresceu vendo corpos hipersexualizados na TV. Não que hoje eles também não estejam aí, estão até mais, à distância de um feed de Instagram. Mas, caramba, tinha algo na década de 1990 que era intenso demais, né?

Quando não eram as gostosas com a bunda para cima em close, tentando pegar um sabonete que insistia em escapar da banheira, eram as meninas que apareciam na capa da revista *Capricho*. Dóceis, inteligentes, lindas. Quase um tipo de beleza comum, mas, ainda assim, digna de capa da revista.

Por que estou fazendo toda essa retrospectiva? Porque minha cabeça foi moldada por esse padrão de beleza. Mulheres de corpos perfeitos eram as que apareciam na TV e nas revistas. Eram elas que conquistavam o público, eram elogiadas, tinham espaço.

Eu me olhava no espelho e não via nada parecido com aquilo. Eu nunca estaria numa revista, tampouco na TV. Não seria escolhida para nada com base nos meus atributos físicos, ou na falta deles. Foi muito cedo que me coloquei nesse lugar. Talvez porque eu não tivesse aprendido até então que a beleza é algo plural e que o que vemos na mídia hegemônica é um recorte de privilégio e muita branquitude.

Ter crescido nessa época prejudicou minha autoestima. Imagino que as garotas de hoje continuem com a autoestima prejudicada. Mas muitas das garotas de hoje têm um letramento sobre o papel da mulher que minha geração, salvo exceções, foi começar a ter na casa dos vinte e poucos anos.

E por que estou contando isso? Porque, a certa altura da adolescência, me faltou coragem de me inscrever para um papel numa peça de teatro porque eu não tinha o "corpo" nem o "rosto" de uma atriz.

Eu fazia parte de um grupo de teatro conduzido por um desses professores que nos encantam e nos ajudam a ampliar a perspectiva de mundo. Ele nos pedia para ler Shakespeare, enquanto também nos estimulava a jogar RPG criando personagens de teatro. A minha se chamava Irina, e a história dela se passava no período medieval. Até um dia desses eu tinha o caderno em que descrevia a personalidade dela e anotava alguns detalhes do jogo.

Em determinado momento, o jogo e as aulas viraram um convite para uma peça. Nem ousei me inscrever. Eu não poderia ser atriz. E acho que não teria muito futuro mesmo... Mal consigo decorar um texto de cinco linhas. Mas não quis nem experimentar. Preferi ficar nos bastidores, um lugar de conforto, a me aventurar a subir num palco e me mostrar vulnerável diante de quem e do que eu não conhecia. Ou, pior, de quem eu conhecia e não queria que me visse ali tão nua.

Essa história me impressiona porque minha cabeça foi moldada para achar que existia um "corpo de atriz". Uma "cara de atriz". Provavelmente loira, de olhos azuis, com o corpão violão, como cantariam os Mamonas Assassinas, trilha dos primeiros anos da minha adolescência.

O que leva uma garota de 16, 17 anos a se tolher a esse ponto? A ponto de não tentar, não experimentar, não se arriscar? De pensar que o holofote não pode mirar nela porque o palco é reservado só para quem tem uma beleza de filme americano?

De novo, me surpreende o embotamento da mente. Porque eu venho de uma família intelectualizada, com acesso a narrativas múltiplas. Mas, de alguma forma, santo de casa não fez milagre. E o que eu via na revista, na TV, no cinema, me dizia: você não pode, você não pertence, você nunca vai chegar lá.

Eu queria ter experimentado atuar. Pelo compromisso, pelo desafio de subir num palco, pela entrega de entender as nuances e os sentimentos de uma personagem, para viver com uma trupe enquanto o projeto durasse. Escolhi os bastidores. Já pressentia que o meu negócio era escrever, e não interpretar num palco o que foi escrito. Pode até ser, isso me conforta hoje e tem a ver com o que escolhi fazer para viver. Mas que desperdício de juventude não ousar experimentar o frio na barriga que essa aventura poderia ter me proporcionado, não é?

Você já deixou de fazer algo porque se sentia "inadequada"? O que você se permitira fazer se não tivesse sido socializada para ver tantos defeitos no corpo? Aliás, você já fez as pazes com o seu?

_____

_____

_____

_____

Do que a gente corre quando começa a correr?

Adoro aquele meme que pergunta "qual foi o gatilho que fez a pessoa sair correndo por aí?". Para mim aconteceu quando me dei conta de que passei um ano e meio andando muito pouco, fazendo tudo de carro, inclusive coisas simples como ir à padaria. Resolvi que queria dar 5 mil passos por dia. Ganhei um relógio de Natal, e aí veio a obsessão de metrificar a vida. Saber quanto caminhei, quantas horas dormi, quanto tempo de sono profundo. Credo, que delícia.

Depois, pensei: *Se eu começar a dar umas corridinhas, chego mais rápido na meta.* Um tempo depois, resolvi tentar correr. Com paciência, sem objetivo, só para ver como meu corpo reagiria (e fazendo musculação em paralelo), com cuidado para não me machucar, que já ouvi dizer que acontece fácil.

Dois meses depois, a coisa engrenou para valer. Corri cinco quilômetros pela primeira vez. Senti uma endorfina de outro tipo, fiquei numa energia louca, uau! Parece que comecei a entender tudo. Outro dia, cheguei aos sete quilômetros. Como assim? O corpo inteiro suado, a respiração diferente, a cabeça, meu Deus, a cabeça! Meu cérebro funciona de outro jeito nos dias em que eu corro. E isso para quem pensa demais é um presente, quase um novo refúgio.

Estou só no começo. Não me importo com ritmo, não quero me comparar a ninguém além de mim mesma. Em pouquíssimos momentos o corpo parece que entra em um balanço particular que é bem gostoso. Será que corro querendo aumentar o tempo dessa sensação? Será que corro para contar para mim que consigo? Será que corro quando o aperreio está grande demais e aquele tempinho de esteira me coloca em outro lugar? Será que corro para ir muito além dos passos?

Não sei, só sei que estou fascinada pelo que o meu corpo é capaz de aprender. Sem pressa, no meu ritmo. Que delícia de novidade! E você? Do que corre quando corre? Ou para o que corre também?

Uma carta de amor para o meu corpo

Corpo querido, eu agradeço por estar aqui. Viva, cheia de vida. Enxergando com precisão o que está à minha frente: uma floresta com árvores enormes, que estão aqui há muito mais tempo do que qualquer um de nós. Toras de madeira funcionam quase como um banco para sentarmos e apreciarmos o silêncio da mata.

Por causa de você, eu ouço. O barulho dos passarinhos. A música clássica que escolhi para embalar minha escrita. Por causa de você, eu sinto os cheiros. De um chá quentinho que me esquenta num frio de dez graus. É através de você que eu toco. Em mim, na minha mulher, no meu filho. É com você que eu abraço. É com estas mãos que eu escrevo. É com este cérebro que vislumbro mais mundos do que cabem no meu.

Corpo querido, é você que me leva numa viagem de férias, quando andamos oito quilômetros por dia, ou mais de 15 mil passos. São estas pernas fortes que aguentam o tranco e, mais que isso, celebram o privilégio que é conhecer o mundo andando. São elas também que se mostram ágeis enquanto aprendo a jogar tênis. Junto com meus braços, aprendo movimentos que antes só via pela TV.

Corpo querido, é você que me permite sentir tantos sabores. Que me conforta quando como um chocolate, seja porque estou muito feliz, seja porque estou triste ou de TPM. Comidas do mundo inteiro, uni-vos no meu estômago! Do México à Itália, do Brasil ao Japão. A comida do restaurante, a comida da memória afetiva. A comida em abundância, que privilégio.

Corpo querido, você está aqui, e eu torço para que nossa história juntos seja longa e cheia de saúde. Que a gente experimente tudo a partir dos cinco sentidos. Que a gente veja o mundo juntos. Que a gente aprenda a descansar. Que a gente escolha com consciência o que coloca para dentro. Assim como o que deixa de fora. Quais palavras falamos juntos? Que pensamentos endossamos? Quais não fazem mais sentido?

Corpo querido, você me carrega e me ampara. Você é minha casa. A primeira, a de toda a vida, a última também. Você é quem eu sou, é tudo que eu tenho. Prometo cultivar você com atenção e respeito e também com acolhimento e amor. Eu pertenço a você, estamos juntos toda hora. Como trato tão honrosa companhia?

Nunca mais direi palavras de ódio ou violentas contra você. Peço desculpas por ter feito isso nos últimos trinta anos. Você merecia mais. Eu não tinha dimensão do estrago que lhe causava. Eu achava que, ao "resolver" um dia as coisas na minha cabeça, chegaríamos a um bom lugar na nossa relação. Achei também que, se conseguisse mudar você, ficaria tudo bem. Cheguei até a achar que eu só seria feliz se você fosse diferente. Se você carregasse menos peso e fosse mais definido. Ainda me vejo nesse lugar, mas me vejo também disposta a abandonar essa crença tão cruel contra nós dois.

Corpo querido, estou pronta para um novo estágio na nossa relação: vê-lo como fonte de vida, experiências, sensações. É através de você que experimento tudo. Precisamos ficar em paz. Preciso fazer as pazes com você e agradecer diariamente pela sorte de continuar aqui. Vivendo, amando, comendo, sentindo, olhando, tocando, ouvindo, me relacionando. Obrigada por não ter desistido de mim.

Prometo ser gentil com você. Prometo fazer as pazes com a passagem do tempo. O tempo muda todas nós, como não vai mudar nossos corpos?

Prometo curtir cada ruga nova, vai ser sinal de que minha vida está longa! Prometo começar uma relação de carinho com a minha barriga — será que desejo que ela seja casa de um novo filho?

Prometo apreciar você todos os dias da minha vida, corpo querido. A partir de hoje e por muitos e muitos anos. Obrigada por ter aguentado o tranco de forma tão generosa comigo. Eu nunca vou esquecer.

Escreva uma carta de amor para o seu corpo.

_____
_____
_____
_____
_____

FALA QUE EU NÃO TE ESCUTO, IMPOSTORA!

Honrar a nossa história

*A*té aqui, já podemos dizer que aprendemos algo fundamental: a gente precisa aprender a trabalhar a autoconfiança e a autoestima diariamente. "Todos os dias enfrentamos desafios. Ouvimos frases limitantes, coisas acontecem para nos paralisar e para não nos deixar ser a mulher que sonhamos ser", me disse Vivi Duarte, empreendedora, escritora, líder em diversidade.

Com uma história de vida que iniciou com poucos acessos, desde cedo Vivi entendeu que transitava por lugares que não eram dados a ela. "Tinha bolsa de estudos, ia de trem, ônibus, demorava para chegar no colégio. Morava distante dos lugares que eu frequentava, que eram lugares de pessoas privilegiadas. Quando era adolescente, me bateu uma invalidação. Não tenho essa roupa, não tenho esse repertório, não converso como elas conversam, meu cabelo é diferente. Comecei a achar que não pertencia, que não chegaria aonde queria", lembra.

Uma figura foi determinante para uma mudança de pensamento. "Tenho uma coach, minha mãe, minha mentora, uma mulher incrível, que sempre me falava da valorização da nossa história, de quem somos." Vivi lembra que passou um tempo sem contar onde morava. "Ela descobriu isso e falou que eu ia dizer onde morava, o quanto eu estava ralando para ser quem eu queria ser." O aprendizado foi imediato: "No momento que começamos a valorizar nossa história, abrimos um portal. Nossas diferenças passam a ser uma ferramenta de poder."

Foi isso que fez Vivi passar a olhar para suas potências, e não para suas faltas. "Fui convidada para um novo cargo. Aceitei com medo. Comecei a aprender mais sobre o que já sabia fazer. O que não sei? Vou atrás." Hoje em dia, estando numa reunião de negócios com pessoas que se formaram em Harvard, que viajaram o mundo todo, que falam cinco idiomas, ela costuma pensar: *O que me faz ser a mulher que eu sou?* "Minha história. A pessoa de Harvard se interessa por esse repertório quando potencializo o que tenho nas mãos. Entro em qualquer lugar de cabeça erguida, como se fosse a sala da minha casa, honrando a mulher que quero ser, a menina que fui, sonhadora, sempre valorizando que cada etapa da minha vida trouxe uma habilidade única."

E o que ela destaca dessa trajetória? "Ter passado por tudo que passei me transformou numa mulher com mais resiliência, uma líder com mais empatia, uma pessoa que consegue circular em todos os lugares. Isso tem tanto valor. Por que vou entrar numa reunião pensando em que faculdade me formei e como está minha pronúncia do idioma tal? Quero melhorar? Quero. Mas isso não vai me impedir de falar de igual para igual com ninguém."

Todo esse entendimento a fez perceber o quanto, muitas vezes, a gente se limita. Até por questões maiores, como a falta de representatividade. Faltam mulheres em posições de poder. Mulheres negras, ainda mais. "Acho que precisamos mirar alto. Mesmo se não alcançarmos, é melhor do que o médio. Temos que ir para cima, nos capacitar e sonhar grande. Sonhar para realizar. Ter um plano, uma estratégia."

Vivi é dessas mulheres que, quando a gente encontra, nos fazem querer sair desse registro em que a gente cabe pouco. Dá uma vontade de querer mais, de fazer mais, de se apresentar de outro jeito. Uma mulher que puxa as outras para cima em toda oportunidade que tem. Que sejamos assim também.

FIM, OU O COMEÇO DO COMPROMISSO PARA SEMPRE

A escrita como um grande treino de coragem

Durante todo o processo de escrita deste livro eu pensei: para quê? Quem vai se interessar? Isso que eu estou fazendo é terapia, não? Por que eu quero tanto escrever um livro? Que necessidade é essa de contar tanto de mim? Qual a relevância disso para outras pessoas?

Até agora eu sinto tudo isso. Mas alguma força maior me faz seguir.

Escrever foi o que construiu toda a minha vida. Foi escrevendo que eu entendi sobre o que eu sentia, sobre as emoções que me atravessavam. Foi escrevendo que eu descobri o que queria fazer da vida, aliás. Foi escrevendo que criei, junto com minha sócia-amiga-comadre, um negócio do zero que hoje atinge milhares de pessoas. Foi escrevendo que eu processei absolutamente tudo. Escrevo na alegria e na tristeza. Na angústia e na felicidade. Quando preciso organizar a cabeça e quando quero celebrar um acontecimento, uma conquista.

Escrever é a estrada que pavimentou a minha vida. Foi escrevendo que eu me vi juntando coragem para ser inteira. Escrever me salvou dos meus demônios. E escrever me mostrou que o que eu tenho a dizer pode interessar a outras pessoas. Gente que nunca vi na vida, mas que sente as mesmas coisas, passa pelas mesmas coisas, se entende a partir do compartilhamento. Humanos sendo humanos, tão diferentes, mas tão parecidos também.

Em qualquer situação difícil, a primeira coisa que eu falo para qualquer pessoa é: escreve sobre isso. Se coloca no papel. Tira nem que sejam cinco minutos e despeja em palavras o que você carrega no coração. A gente nunca sai do mesmo jeito depois de se colocar numa tela em branco.

Foi escrevendo que eu treinei minha coragem. A escrita alargou meu horizonte. E, quanto mais honro esse papel da escrita na minha vida, mais descubro que ela me faz ser mais eu. A escrita me ensinou sobre autenticidade. Sobre persistência.

Eu imagino o que vai acontecer quando eu começar a me divertir escrevendo. Quando o tesão for maior que o autojulgamento. Quando a euforia conseguir sobrepor o questionamento. Quando o medo se dissipar e me mostrar que a magia está no fazer e no colocar no mundo. Talvez eu queira escrever um livro infantil, outro de ficção para adultos, quem sabe até o roteiro de um filme?

Por muito tempo eu coloquei a escrita como algo que aprendi a fazer e que até sei fazer direitinho. Talvez tenha chegado a hora de dizer que a escrita sempre foi o meu sonho. E de perceber que eu já vivo esse sonho há muito tempo. Uau, que sorte! Por conta dela eu me tornei quem sou. E se isso não é das coisas mais grandiosas da vida, eu não sei...

O que mais quero com este livro é que você tenha coragem de tentar. Seja lá qual for seu sonho. Coragem para ser do tamanho do que você deseja e persiste secretamente no seu coração. Coragem para escrever a sua vida, dividir o que só você tem aí dentro. Coragem de compartilhar com o mundo. Coragem de ver o que acontece a partir disso. Coragem de abrir espaço para um pouco de leveza nesse processo todo.

Se você decidir escrever para se entender, este livro já terá cumprido sua função.

O quanto escrever já revelou sobre você?

_____

_____

_____

_____

Coragem de dizer em voz alta que está vivendo seu sonho

Como é que eu ainda não saí por aí contando com toda alegria que estava escrevendo um livro? Por que conto nos dedos das mãos quem são as pessoas que sabem desse grande feito na minha vida? Por que continuo me escondendo? Ou melhor, por que sigo me adiando? Me cobrando, querendo ter tudo pronto para, finalmente, poder falar?

Em muitas das páginas que escrevi aqui carreguei medo e dor. Também levei nessa bagagem uma autoestima baixíssima, alguns episódios da infância, outros mal resolvidos na análise e na terapia. Fiz das dificuldades uma bagagem que me acompanhou nesses primeiros atos da minha vida.

Mas e agora? E agora que eu não só quero terminar de escrever como quero que este seja o primeiro de muitos livros que eu vou escrever?

Quem eu serei nos próximos vinte anos da minha vida? Se nesses últimos quarenta eu fiz o melhor que pude a partir das circunstâncias em que vivi, neste novo ato eu quero ser eu o máximo que puder. Sentir alegria genuína por estar viva. Colocar no mundo tudo o que eu quiser. Sem tanto medo e insegurança, mas com a certeza de que, quando a gente divide algo tão nosso, acaba ficando para sempre nas memórias de quem a gente nem sabe quem.

Às vezes me abordam na rua e me dizem: "Eu amo seus textos, obrigada." Eu fico desconcertada, sem saber muito como agir. Agradeço, claro, mas sabe quando você já quer pular para uma próxima cena? Pois agora eu não quero mais, não. Eu quero aproveitar cada vez que isso acontecer como se fosse uma das coisas mais maravilhosas do mundo — porque é.

A gente escreve para ser lida. A gente escreve para fazer alguma diferença. A gente escreve para se perpetuar. Para que, num futuro que a gente nem consegue tangibilizar, algum fragmento da gente permaneça.

Eu faço isso desde que me entendo por gente. Fiz da escrita o meu trabalho. A escrita está intrincada em mim. Como é que eu posso cogitar continuar não celebrando isso? Me deixando caber na caixinha pequena onde me coloquei a vida toda?

Não posso mais fazer isso. Por mim, mas também pelas mulheres que me cercam, pelas mulheres que vivem no mesmo tempo que eu. Chega de a gente se adiar. Chega de a gente deixar para comemorar depois que atingir um marco x, chegar no patamar y. A vida é agora. E é nosso dever saber aproveitá-la ao máximo. Do jeito que a gente é hoje, com os recursos que a gente tem.

Eu escrevi um livro! E me autorizo a dizer essa frase em voz alta. Com tudo o que ela carrega. A jornada, as dificuldades, as idas e vindas, as dúvidas. E também o privilégio, o desafio, o meu-deus-será-que-vou-conseguir-terminar-socorro. Mais do que me autorizar, eu comemoro: eu escrevi um livro!

Por muito tempo eu adiava a conversa sobre se queria ter um filho. Eu tinha medo de não conseguir ter. Além disso, como uma mulher lésbica, não sofri a pressão da família e da sociedade perguntando, o que é bem esquisito (mas isso é tema para outro texto…). Sempre digo que agradeço muito a Laura por ter tido o ímpeto de dizer: bora, vamos começar esse processo. Ser mãe é a melhor coisa que já me aconteceu.

Fazendo um paralelo, eu nunca ousei gritar aos quatro ventos: meu sonho é ser escritora. Sempre tratei a escrita como trabalho. Me formei jornalista. Depois, fui trabalhar com publicidade, com comunicação. O texto sempre na base de tudo. Mas contar para o mundo do meu sonho de escrever um livro? Nada disso, questão de foro íntimo, uma hora vai acontecer, mas ninguém precisa saber. Mas não teve uma vez em que fiz o exercício da minha palestra sobre o fenômeno da impostora que eu não pensasse nisso. A pergunta final é: "O que você faria se não tivesse medo?" E eu respondia: "Escreveria um livro."

E eu escrevi. Coloquei forma no desejo. Coloquei o desejo em ação. Preenchi estas páginas com o que tenho de mais genuíno. Dividindo com você, que está aí do outro lado, na esperança de que faça sentido. Que acenda uma fagulha. Que te tire da inércia. Que te faça ver a vida de um outro jeito. Que te estimule a ir atrás do que você mais quer.

E já posso dizer: não faça como eu, não sonhe em voz baixa, sozinha. Não tenha medo de falar do que você mais quer em voz alta. Visualize o que você sente ao experimentar tudo aquilo que um dia foi só vontade. Manifeste o que você quer viver. O máximo que vai acontecer é você se encher de coragem — e ainda ganhar o incentivo de quem te quer bem.

O que você vai se permitir sonhar em voz alta?

_____

_____

_____

_____

_____

Coragem de ocupar a arena de mil pessoas e ainda cantar

Foi quando entrei numa arena e tive coragem de cantar que percebi que estava pronta para finalizar este livro, o primeiro, meu primeiro livro, este que você tem em mãos. Cantei no karaokê do Mauerpark, em Berlim, para uma plateia de, imagino, mais de mil pessoas. Se alguém me dissesse que um dia eu teria essa coragem, eu teria gargalhado.

Mas aprendemos, inclusive ao longo destas páginas, que coragem é um músculo que exercitamos. E algo acontece quando a gente firma esse compromisso da malhação, seja física, seja intelectual.

Fui a Berlim pela primeira vez em 2014, quando tentava sair de uma relação que, apesar de ter tido muito amor, era eclipsada pelo descompasso. Já tínhamos tentado muito, mas não dava certo. Ainda assim, continuávamos, de um jeito que, hoje, percebo que ultrapassou nossos limites. Foi só naquele momento e naquela cidade, que encara a própria história em vez de tentar esquecê-la, que consegui romper o vínculo. Eu me lembro de caminhar em direção à famosa Filarmônica de Berlim enquanto ouvia "Feeling Good", da Nina Simone. "It's a new dawn / It's a new day / It's a new life for me / And I'm feeling good" [traduzo como "É um novo amanhecer / É um novo dia / É uma nova vida para mim / E estou me sentindo bem"].

Oito anos depois, "Feeling Good" estava tocando enquanto eu contava para uma amiga o poder que Berlim teve de me regenerar. Coincidências que fazem parecer que o roteirista da vida está bem atento. Foi com ela que fomos ao Mauerpark em um domingo. E foi em outro domingo que me aventurei a cantar a mesma música que uma mulher numa bicicleta ouvia enquanto eu, Laura e Martin chegávamos ao parque. E qual era? "What's Up?", do 4 Non Blondes, que fala assim: "And I say, hey, yeah, yeah / Hey, yeah, yeah / I said, hey! What's goin' on?" [Eu digo, ei, yeah, yeah / Ei, yeah, yeah / Eu disse: Ei! O que tá acontecendo?] Aposto que você cantou comigo!

Dei sorte no fim de tarde quando chegamos ao karaokê: o cara que conduzia o evento me chamou. Achei que iria desistir, ficar com muita vergonha, mas não é que, quando começou, eu curti? Eu, que não sei cantar, me diverti. O público cantou junto, levantou as mãos. Foi um espetáculo! No filme da minha vida, essa cena entrará como lembrança de quando tive coragem, de quando me diverti ao fazer algo que, anos antes, me deixaria apavorada.

Quando terminou, meu rosto estava quente, a vergonha veio, junto com o sorriso que não cabia no rosto, tal como o que surge agora enquanto escrevo. Laura filmou tudo, com Martin dormindo no colo dela. Laura, que anos antes me deu de presente de aniversário um vídeo dela e de muitos amigos cantando essa música para mim. Estávamos na pandemia, bem no começo, sem saber o que ia acontecer, e aquele foi o melhor presente de aniversário que já ganhei na vida. Cantar "What's Up?" naquela noite em Berlim, com toda aquela coragem, foi como levar um pouco dos meus amores comigo.

Queria que você pudesse ver o vídeo, porque fiquei muito orgulhosa. Não só por ter coragem, mas por entender que posso ocupar qualquer lugar que quiser. Inclusive aqueles em que vou me divertir e brincar, lembrando que a vida precisa ser feita disso também. Parece que aquele momento me encheu de coragem para o que quer que seja, sabe?

Não quero me esconder mais, porque quero descobrir em quais espaços eu me sinto mais viva e feliz por fazer algo que jamais cogitaria.

Obrigada, karaokê do Mauerpark. Obrigada ao cara da bebida que falou que adorou a escolha da música. Obrigada à moça da fila do banheiro que disse que adorou me ver cantando. É incrível quando nos deparamos com a gentileza de desconhecidos. Há mais alegria nesse mundo, bora aproveitar. Canta que os males da impostora você espanta!

O que você tem muita vontade de fazer, mas acha quase impossível?
_____
_____
_____
_____

A importância de contar a sua história

Somos uma porção de fragmentos de memória na lembrança de alguém. Afinal, o que da gente fica no outro? O que falamos que reverbera para além de um encontro? Como contamos pelo que passamos? O que aprendemos quando narramos nossa própria história? Como atuamos na história do outro? Como seremos lembrados quando já não estivermos mais aqui?

O que a gente leva da vida são os momentos que passamos juntos. Um dia no Carnaval quando nos olhamos com os olhos marejados ouvindo frevo. Em outro, numa viagem para Berlim que coincidiu com o aniversário de uma grande amiga. O dia em que nosso filho nasceu. O dia em que um grande amor morreu.

Que maravilha seria a tentativa de ter um HD no cérebro que conseguisse fazer com que não esquecêssemos nada — talvez até um pouco da dor, mas não o restante... Uma vontade de nos agarrarmos às cenas na ilha de edição da nossa memória.

Contamos histórias desde que nos entendemos por gente. Nossos ancestrais se reuniam ao redor do fogo para perpetuar vivências. Escrevemos, fotografamos, gravamos vídeos, postamos, falamos tanto para tentar entender quem somos e o que atravessamos.

É por nos narrarmos que conseguimos seguir em frente — e nos perpetuamos também.

Nossas histórias carregam aprendizados, nos fazem ficar aqui mais tempo do que o pouco que temos juntos. Porque, vamos combinar, mesmo se vivermos cem anos, que parcela pequena de vida em relação ao tempo da humanidade, né?

"Pela maior parte da história, 'anônimo' foi uma mulher", escreveu Virginia Woolf no maravilhoso livro *Um teto todo seu*. As mulheres recorriam ao anonimato ou a pseudônimos para conseguir acessar um mercado literário dominado por homens. Esse ensaio é de 1929. Quase cem anos depois, nós mulheres ainda temos que lutar para ocupar espaço, seja em qual mercado for. O que isso nos diz? A mim, que a gente precisa agarrar essa possibilidade com todo o nosso coração e também com uma dedicação incessante.

Eu escrevo porque posso.

Eu escrevo para honrar todas as mulheres que não puderam fazer isso — e as que, ainda hoje, também não conseguem.

Eu escrevo porque jamais poderia me ver calada.

Eu escrevo para não esquecer. Do que vivi, com quem convivi, do que aprendo estando aqui.

Eu escrevo para me lembrar.

Eu escrevo para me entender.

Eu escrevo para também entender o mundo.

Eu escrevo para dar conta do tanto que sinto.

Eu escrevo para ocupar espaço.

Eu escrevo para me autorizar.

Eu escrevo porque acredito no poder de contarmos nossas histórias.

Únicas, inéditas, com cenas que se cruzam, roteiros pessoais e intransferíveis, que formam narrativas que nos fazem passar por todas as gamas de emoções da vida. Que sorte a nossa poder existir falando sobre tudo que nos atravessa.

Por isso, pergunto: qual história sobre si mesma você vai começar a contar hoje?

A vida não se resolve

A gente quase sempre espera por um momento na vida em que tudo esteja resolvido. Que a lista de tarefas seja mais frugal. Nossos dias, vividos com mais sentido, e não só como uma repetição constante. Sempre tem lugar na nossa cabeça para o que vai vir a ser. Para um futuro que, quando chegar, aí, sim, nos fará cheios da gente mesmo, de vida, de propósito, em que estaremos vivendo tudo o que desejamos, da forma como desenhamos. Se eu resolver isso aqui, terei paz para cuidar daquilo lá. Quando eu estiver estabilizada (na carreira, no relacionamento), aí, sim, poderei dar um grande passo. Aquele passo que me amedronta, mas que sei que quero. E aqui um parêntesis: por muito tempo eu achei que precisava de todas as estabilidades e ainda de uma pós-graduação no tema maternidade e outra no assunto bebê para, aí, sim, decidir ter filho. Ele veio, e um mês depois meu irmão morreu. Existe alguma estabilidade diante disso? Não. Mas a gente ainda insiste, ainda se ilude na tentativa de ter algum controle.

Sendo que a vida é aleatória. E talvez nossos planejamentos, listas, rotinas, obrigações e planos sejam uma tentativa de dar conta do tempo, de controlá-lo, de seguir um script. De traçar uma linha que, se a gente seguir, vai fazer tudo "dar certo". Pode ser que dê, mas a chance maior é que a gente seja atravessado por dezenas de outros acontecimentos que nos exigem mudanças de rota. E nem estou falando dos trágicos, mas do desenrolar da vida mesmo.

A vida não se resolve. Resolver "tudo" é resolver o quê? Se a gente resolvesse tudo, ia passar como o tempo que tem aqui? Eu sempre tive a ilusão de que daria conta da minha lista de tarefas. Mas, além de sempre acrescentar novos itens a ela, comecei a entender que estava querendo algo que simplesmente não vai acontecer. E que bom!

Tem muita coisa para a gente viver, mesmo com tantas a resolver. Afinal, ir resolvendo nada mais é do que ir vivendo, assim no gerúndio mesmo. Então fica a pergunta: será que a gente tem adiado algo porque precisa ou só se acostumou a fazer assim?

Coragem para saber quando terminar

Não sei se este livro é bom.
Não sei se este livro vai ser lido.
Não sei se vai ser um sucesso.
Também não sei se vai ser um fracasso.
Não sei se vou receber críticas.
Não sei se vou receber relatos de identificação.
Só sei que eu precisava escrever este livro.
Só sei que nele mostrei minha versão sem filtro, sem jogo, me despindo do ego.
Só sei que muitas vezes achei que escrever estas páginas fosse uma sessão de terapia.
Só sei que fiz isso porque a vida para mim só faz sentido se compartilhada.
Só sei que, quando escrevo, sou mais eu.
Só sei que, quando alguém se identifica, tudo faz sentido. Uma única pessoa que diz "é isso" faz todo o trabalho valer a pena.
Eu sou minha maior crítica.
Vozes na minha cabeça me perguntam: para quê, por quê, quem vai ler?
Mas tento abafar o volume e dizer: para que mais mulheres façam uma breve investigação sobre sua falta de coragem. Porque é quando iniciamos o processo de olhar para dentro com tempo e profundidade que podemos começar a encontrar respostas. Espero encontrar algumas muitas mulheres do outro lado destas páginas.

Mulheres que querem ser do tamanho que desejam, mas ainda travam.

Mulheres que estão fazendo o melhor que podem, mas, mesmo assim, não se reconhecem.

Mulheres que querem viver uma vida criativa, mas acham que isso é coisa para artista.

Mulheres que querem ser as mães mais legais do mundo, mas sem se esquecer de si mesmas.

Mulheres que querem ter uma relação mais amorosa com o próprio corpo, mas ainda são suas piores algozes.

Mulheres que querem encher a vida de sentido, mas se distraem todo dia na internet.

Mulheres em constante construção.

Mulheres que apostam na vida.

Mulheres que dizem sim.

Que aprendem todo dia a olhar para si mesmas com a mesma generosidade com a qual olham para as melhores amigas.

Este livro é para você que quer ter mais coragem — e que sabe que fazer isso junto aumenta a chance de dar certo.

E aqui eu preciso saber a hora de parar de escrever para buscar a coragem de lançar o que escrevi no mundo. E ver o que acontece a partir daí.

O que você precisa ter coragem de liberar para o mundo?

_____
_____
_____
_____
_____

FALA QUE EU NÃO TE ESCUTO, IMPOSTORA!

Eu sou uma artista

"**A** minha impostora, meu censor interno, é um homem branco chamado Jair. É bom apelidar, dar nome às coisas para lidar com elas", me diz Carol Burgo, artista e criadora da Prosa, marca de *slow fashion*. Foi por causa de um post em suas redes sociais, em que ela dizia "Eu sou artista", que a convidei para uma conversa. "Aquele post saiu depois de uma sessão de terapia. Não porque estava me sentindo a artista do século, mas porque eu precisava de certa forma me acostumar a essa palavra, que eu achava inalcançável."

Carol sempre pintou, mas foi se estabelecendo pelo caminho da publicidade. Após a chegada da filha, Olívia, voltou a pintar enlouquecidamente. "Pensei que devia assumir isso para mim e parar de ouvir o que Jair dizia. Porque foi uma coisa que sempre me acompanhou. As pessoas têm uma imagem de mim muito segura, mas sempre tive essa voz que dizia: talvez seu trabalho não esteja tão bom."

E de onde vem isso? Talvez da criação que ela teve. "Fazia algo super bem feito e ouvia que não tinha feito mais do que minha obrigação. Aquilo criou uma carência de aprovação. 'Então, vou ter que ser excelente para receber um elogio? Porque bem feito não é suficiente.'" Quem se identifica?

Ela recorda um episódio específico. Era boa em todas as disciplinas, só tinha um problema com matemática. "Minha mãe falava: 'Minha filha, tem que se esforçar, basta querer que consegue, todo mundo aqui em casa é bom em matemática.' Falei para a minha mãe: 'Não quero aprender matemática, tenho direito de não ser boa em alguma coisa, porque já sou boa em todas as outras.' Foi a primeira vez que me neguei a fazer uma coisa, a aprender. Não sei se isso de alguma forma impactou o fato de eu sentir que às vezes me saboto porque não quero ter que atender a expectativas muito altas dos outros. Ao mesmo tempo que tem essa busca por aprovação, digo que não quero fazer. É importante dizer não. Abre um pouco de espaço para os 'sim' que queremos dizer."

Mesmo sendo seguida de perto pela voz da impostora, Carol tentava fingir que ela não existia. O processo acontecia dentro de casa. "Trancada no meu quarto, vinha a impostora e eu começava a chorar. No dia seguinte, saía do quarto dizendo que estava tudo bem, que ia enfrentar o mundo. Sempre tive uma postura muito dura. Não vou mostrar que estou desabando por dentro porque não quero que as pessoas desmereçam meu trabalho por conta do meu emocional."

Ela fazia isso, também, porque sabia que poderia ser diminuída no mercado de trabalho por ser mulher. "Eu, que trabalhei em agência de publicidade, que tem mais homens que mulheres na criação, sempre trabalhava mais, mais horas, mais rápido, queria sempre entregar a coisa mais maravilhosa para ver se eu tinha algum reconhecimento, que nunca veio. Depois, eu sempre via algum cara mediano ganhando mais que eu, sendo promovido, virando meu chefe... E aí ataca a impostora. Depois que faz tudo isso para ser maravilhosa e ainda assim não chega aonde quer, você pensa: 'Afinal, não sou tão boa assim.'"

Depois de entender esse tipo de dinâmica, Carol resolveu apostar num plano B, até para sair do nível de estresse absurdo em que vivia. "Quis ter minha parte criativa livre. Dentro de agência sempre fui muito motivada pela necessidade de encontrar aprovação. Era um veneno, mas também um combustível." Quando começou a trabalhar por conta própria, a ter tempo livre, ela começou a se sentir "inútil". "Pensava: olha só, você não está fazendo o suficiente. Não tinha ninguém que aprovasse o que eu estava fazendo. Se estou achando incrível? Talvez não esteja com humildade suficiente. Tudo que é tipo de pensamento ruim já passou por essa cabeça."

Foi aí que caiu mais uma ficha: nem a validação externa é suficiente. "Temos que nos sentir validadas." Quando fez o post se colocando como artista, ela queria se sentir assim. "Quando vou sentir, se não me apropriar? É isso que o mercado vende para as mulheres: existe aqui um pedestal que você nunca vai alcançar. Então, vou tomar esse pedestal. Por mais que eu sinta que não posso."

A terapia foi fundamental para Carol acolher esse turbilhão. Foi em uma sessão, aliás, que ela entendeu a diferença entre poder e potência — e dividiu esse aprendizado comigo na entrevista, para que mais mulheres saibam. "A potência", explica, "é característica que qualquer pessoa pode ter de energia. E o poder, que eu sempre almejava para me sentir aprovada, é uma construção que fica para uma pessoa, para o 'melhor'. Para ter poder, é preciso estar acima de outras pessoas. A potência tem a ver com horizontalidade, com o quanto você consegue atingir com seus tentáculos. É uma multiplicação", destrincha. "Fui percebendo que meu trabalho tem muito mais potência porque é algo que alastra, as pessoas se identificam, se conectam. À medida que vamos construindo essa potência, a impostora fica cada vez mais escondida, falando mais baixo, até que de repente não a escutamos mais."

Então vamos acessar nossa potência, né, mulher? Só vamos!

O QUE APRENDI SOBRE CORAGEM

*C*oragem é seguir em frente, apesar de todos os "apesar de".

Coragem é se ouvir, mesmo quando o mundo lá fora parece querer nos encher de certezas.

Coragem é se cuidar. Ir na sessão de terapia de que você tem fugido. Fazer exercício até seu corpo começar a gostar de se movimentar. Tomar um remédio se for preciso, durante um tempo. Entender que sono é inegociável (nada de trabalhar enquanto eles dormem).

Coragem é nutrir os afetos. É beijo, abraço, colo, chamego. É cara a cara. Menos WhatsApp, mais encontros com olho no olho, abraço, cheiro, presença.

Coragem é desistir do que não nos faz bem. Seja um trabalho, seja uma pessoa. Sabemos o quanto somos capazes de insistir, mas também é bom aprender a hora de ir embora.

Coragem é bancar quem somos sem tanto medo e tanta insegurança. Fazemos o melhor que podemos nas condições que temos.

Coragem é ter firmeza para seguir. As tretas vão vir. Os BOs também. Mas sabemos que temos uma força que pode ficar até anestesiada ou adormecida, mas que com intenção e trabalho duro nos tira de qualquer lugar.

Coragem é olhar para os mulherões que somos com o copo meio cheio. Esquecer, mesmo que só para dar um truque na mente, por um momento, de tudo que falta, de tudo que poderia ser melhor, e apenas seguir apreciando e celebrando nossa caminhada até aqui.

Coragem é nos amar num mundo que lucra com nossas insatisfações.

Coragem é nos perdoar quando fomos ensinadas a carregar culpas individuais por problemas que são estruturais.

Coragem é acreditar em nós mesmas. Nos nutrir da força de quem veio antes de nós, de quem cuidou para que estivéssemos aqui, de quem está disposta a nos fazer crescer enquanto vamos melhorando a cada dia.

Coragem é trilhar uma jornada para ser do tamanho que desejamos.

Coragem é saber que, quando nos movimentamos, carregamos outras mulheres junto.

Coragem é nos permitir ser felizes.

Se no começo eu tentava escrever para processar as dores e as dificuldades do dia a dia, hoje escrevo não só para isso, mas também para enxergar que ter a coragem de ser quem somos talvez seja o maior presente que possamos nos dar.

Parece pouco tempo, mas mudei tantos aspectos da vida... Na verdade, levei a vida inteira para conseguir, finalmente, olhar para mim com o mesmo amor e generosidade com que olho para as pessoas ao meu redor. Estou fazendo as pazes comigo mesma. Estou aprendendo a ser constante em tudo que me faz bem. Estou pegando um mantra de eleições passadas e colocando como missão: firmeza na alegria.

Que sorte estarmos aqui. Que bom que todo dia é uma chance de tentar mais uma vez. Que conforto saber que quem nos acompanha nos dá colo, puxão de orelha e incentivo. Que revolução querer ser nossa melhor versão porque colocamos um filho no mundo. E que desafio querer fazer deste mundo um lugar um pouco melhor também.

Agradeço a cada pessoa que pegou este livro nas mãos. Que me deu um pouco do seu tempo. Que embarcou nas propostas de exercício.

Espero que tenha feito sentido para você. Se serviu para você ter um único lampejo de coragem, já vai ter valido muito a pena. Muito obrigada!

Meu pedido final é para que você escreva. Escreva todos os dias. Sobre você, sobre suas alegrias e conquistas, mas também sobre suas angústias, dores e dúvidas. Uma mulher que se coloca no papel provoca grandes transformações, independentemente da escala. Pode ser só para você, pode ser para o mundo. Só escreva. Dê conta de quem você é se encontrando nas palavras. É nelas que tudo começa. Você topa?

_____

_____

_____

_____

_____

NOTAS

1. ROSA, Montero. *A louca da casa*. 1. ed. Rio de Janeiro: Ediouro, 2003.
2. Rosa, João Guimarães. *Grande Sertão: Veredas*. São Paulo: Companhia das Letras, 2019.
3. BROWN, Brené. *A coragem de ser imperfeito: Como aceitar a própria vulnerabilidade, vencer a vergonha e ousar ser quem você é*. 1. ed. Rio de Janeiro: Sextante, 2016.
4. CLANCE, Pauline Rose; IMES, Suzanne. "The Imposter Phenomenon in High Achieving Women: Dynamics and Therapeutic Intervention". Disponível em: https://www.paulineroseclance.com/pdf/ip_high_achieving_women.pdf. Acesso em: 7 nov. 2023.
5. DISCOVERY. "A falsa farsa: um estudo proprietário sobre o fenômeno da impostora". 2021. Disponível em: https://movimentomulher360.com.br/wp-content/uploads/2021/08/A-Falsa-Farsa-_-Discovery-Inc-2021.pdf. Acesso em: 7 nov. 2023.
6. BIERNAT, M.; KOBRYNOWICZ, D. "Gender and Race-based Standards of Competence: Lower Minimum Standards but Higher Ability Standards for Devalued Groups". *Journal of Personality and Social Psychology*. Ano 32, n. 72, ed. 3, p. 544-557, 1997.
7. MEDIAVILLA, Daniel. "Duas barreiras que afastam as mulheres da ciência". *El País*, 2 fev. 2017. Disponível em: https://brasil.elpais.com/brasil/2017/01/31/ciencia/1485861412_947023.html. Acesso em: 7 nov. 2023.
8. TULSHYAN, Ruchika; BUREY, Jodi-Ann. "Stop Telling Women They Have Imposter Syndrome". *Harvard Business Review*, 11 fev. 2021. Disponível em: https://hbr.org/2021/02/stop-telling-women-they-have-imposter-syndrome. Acesso em: 7 nov. 2023.
9. WISER THAN ME: Julia Gets Wise With Isabel Allende. [Locução de]: Julia Louis-Dreyfus. Entrevistada: Isabel Allende. Estados Unidos: Lemonada Media, 11 abr. 2023. Podcast. Disponível em: https://lemonadamedia.com/podcast/julia-gets-wise-with-isabel-allende/. Acesso em: 21 ago. 2023.
10. WOOLF, Virgínia. *Um teto todo seu*. 1. ed. São Paulo: Tordesilhas, 2014.
11. ELIZABETH, Gilbert. *Grande magia Vida criativa sem medo*. 1. ed. Rio de Janeiro: Objetiva, 2015.

12 LAKSHMIN, Pooja. *Autocuidado de verdade: Um programa transformador para redefinir o bem-estar (sem cristais, purificações ou banhos de espuma)*. 1. ed. São Paulo: Fontanar, 2023.
13 LINKEDIN. "Gender Insight Report: How Women Find Jobs Differently". Disponível em: https://business.linkedin.com/content/dam/me/business/en-us/talent-solutions-lodestone/body/pdf/Gender-Insights-Report.pdf. Acesso em: 21 ago. 2024.
14 DISCOVERY. "A falsa farsa: um estudo proprietário sobre o fenômeno da impostora". 2021. Disponível em: https://movimentomulher360.com.br/wp-content/uploads/2021/08/A-Falsa-Farsa-_-Discovery-Inc-2021.pdf. Acesso em: 7 nov. 2023.
15 NARA, L. "98% das pessoas acha que os outros são mais bonitos nas redes sociais, diz pesquisa da Allergan Aesthetics". *Belezinha*. 25 ago. 2022. Disponível em: <https://www.belezinha.com.vc/bem-estar/saude/98-das-pessoas-acha-que-os-outros-sao-mais-bonitos-nas-redes-sociais-diz-pesquisa-da-allergan-aesthetics>. Acesso em: 23 ago. 2024.
16 LISPECTOR, Clarice. *Uma aprendizagem ou o livro dos prazeres*. 1. ed. Rio de Janeiro: Rocco, 1998.
17 GABRIEL, João. "Bruno Pereira é velado em meio a homenagens e rituais indígenas". *Folha de S.Paulo*, 24 jun. 2022. Disponível em: https://www1.folha.uol.com.br/poder/2022/06/bruno-pereira-e-velado-em-meio-a-homenagens-e-rituais-indigenas.shtml. Acesso em: 4 set. 2023.
18 BROWN, Brené. *A arte da imperfeição: Abandone a pessoa que você acha que deve ser e seja você mesmo*. 1. ed. Rio de Janeiro: Sextante, 2020.

AGRADECIMENTOS

Um livro tem um tempo que é só dele. *It's a long way.*
 Agradeço à Laura por ter me ensinado sobre a força e a beleza que existem em escolher ficar (e também por todas vezes em que ficou com nosso filho para que eu escapasse para escrever). Mar aberto, mar adentro, mar imenso... A gente fez nosso cais.

Agradeço à Andrea del Fuego, que um dia me disse que eu era boa em "fritar pastel na hora" e me puxou para esse mergulho da escrita. Agradeço aos Infiniters (Márcia, Mônica, Clelinha, Karina, Ritinha, Maya, Renata, Aline e Ed), companhias de uma pandemia em que, para não enlouquecer, escrevemos.

Agradeço à Clarice Freire pelos áudios-podcast que ajudaram a driblar a angústia e a dúvida, enquanto deixavam crescer em mim essa vontade visceral de escrever mais. Obrigada por enxergar o que eu nem tinha visto ainda.

Agradeço à Indigo e ao Luiz, que criaram esse tesouro que é o retiro para escritores, para onde fugi duas vezes para escrever sem me preocupar com o tempo.

Agradeço à Luiza Voll, com quem sonho e crio mundos desde 2010. Que sorte construir um trabalho e uma vida com você! E ainda ganhar a loteria de ver nossos filhos sendo amigos-irmãos.

Agradeço a Guido, meu sobrinho, pela existência e por esse chamado para a vida, apesar da dor. À Cris Gouvêa, pelo amparo e por honrar a preservação coletiva da memória do meu irmão.

Agradeço à Keka Ribeiro pelo privilégio de tecermos juntas as lutas de hoje e as do amanhã.

Agradeço à Raïssa Lettiére, que um dia me convidou para escrever um livro. À Rayana Faria, que pegou esse bebê e cuidou dele com tanto apreço pelo tempo de uma gravidez de uma elefante. Agradeço a toda a equipe da Best Seller, cada um na sua função, ajudando a tecer este livro a muitas mãos.

Agradeço à Renata Cappai, que me ajudou a lidar com dores tão profundas. E à Karin Fromm, que colocou meu corpo em ordem para essa travessia.

Agradeço à minha família pelo amor pelos livros e pelo incentivo para que eu sempre escrevesse. À minha tia Marfisa, pela presença e pelo cuidado (e por sempre me deixar escolher quantos livros quisesse na livraria). À minha mãe, Daisy, pela vida (e por guardar cada publicação onde eu já assinei uma matéria).

Aos que não estão mais aqui, aos que estão e vibram junto: avó, tios, tias, primos, primas, sobrinhos, cunhadas, sogros. Às comadres e às afilhadas maravilhosas também.

Agradeço a cada amiga e a cada amigo com quem já dividi minhas inseguranças mais profundas e que sempre me acolheram, me incentivaram, me deram uns puxões de orelha, me disseram: "Vai, Dani, você sabe que pode, você dá conta." Vocês sabem quem são, e minha vida é muito melhor porque cada um de vocês existe.

Agradeço a cada pessoa que lê meus textos publicados na internet. Cada comentário, cada mensagem serve de incentivo. Cresço com nossas trocas. Vocês insistem em dizer que o que eu escrevo importa. E eu passei a acreditar e a exercitar esse músculo da coragem. Parece que, desde então, eu nunca mais me senti sozinha.

Este livro foi composto na tipologia Minion Pro,
em corpo 11/16,3, e impresso em papel offwhite,
no Sistema Cameron da Divisão Gráfica
da Distribuidora Record.